媒體與政治 (下)

何國華◎著

　　當傳統報業不敵電視收視的同時，免費報與部落格等新興傳播科技，也正伴隨著公共編輯思維逐步瓜分媒體市場。

　　媒體與政治的競合關係，也導引了新聞自由與民主發展的路徑。這本書，就是要與大家分享每一則仍在發展中的新聞故事。

台灣媒體的下一步

當台灣媒體焦點長期陷溺於綜藝化、娛樂化與八卦化，面對缺乏知識性和國際性新聞議題的責難之際，不少人可能都很好奇，台灣的媒體究竟要引領這個島嶼走向何處？

二〇〇四年五月，我前往雅典，出席國際記者聯盟會議。當執委會議召開的時候，我和來自伊拉克庫德斯坦記協代表闢室訪談，還記得他手握行動電話告訴我，這是「Made in Taiwan」的產品，他說伊拉克庫德區內的很多民生必須品都來自台灣，他雖然沒有到過台灣，但對台灣政治民主與新聞自由的成就卻是耳熟能詳。

庫德人曾自嘲：「庫德人是沒有朋友的民族」。但在這次的年會上，庫德斯坦記協卻是努力結交朋友，積極向全球發聲，他們更期待藉由媒體網絡的建立，強力為自己的語言、文化與歷史奮鬥。

這次的訪談給了我一些啟發，嘗試多面向觀照不同國家的媒體現況與民主發展，並於各媒體陸續刊登。

「媒體觀察」所撰寫的評論，有些是個人親身訪談，有些是經驗觀察。

第一篇內容，從有感於尼泊爾國王賈南德拉發動政變，到尼泊爾記協境遇說起，點出了尼泊爾是「記者工作最危險的國家」。今年有幸與尼泊爾KUJ記協會長Ayub Jan Sarhandi面對面討論尼泊爾媒體現況，對尼泊爾也才有了更深一層的認識。

二〇〇四年在印尼新聞記協安排下，前往印尼國營電視台RCTI，與二〇〇三年六月二十九日遭「GAM」游擊組織綁架，直到二〇〇四年五月中旬始獲釋的電視攝影記者Ferry Santoro對

話，寫出了〈戰地記者踩到新聞地雷〉一文。

　　印象中，他最深刻的一句感嘆是，雖然與交戰雙方都熟識，但是Ferry Santoro在亞齊省的採訪仍須面對複雜的衝突環境，「因為沒有任何一方會滿意你的電視採訪報導，雙方永遠不滿意為何衝突的另一方，比自己受訪播出的時間還要長。」

　　此外，因為曾經開辦台灣第一份捷運報，瞭解到當傳統主流報紙面臨讀者逐漸老化的困境時，因應年輕人閱讀習慣的免費報陸續在全球出現，使得免費報紙儼然成為新興潮流與年輕化的代名詞，所以寫出了「免費報全球開戰」的媒體觀察。

　　也因為過去幾年前往包括CNN、路透社、法新社等媒體交流，以及曾經擔任電視採訪主管的經歷，當面對台灣各個電視台國際新聞，長期依賴西方媒體，新聞選材以影劇流行、趣味八卦為主時，有感而發的寫出「台灣國際視野打不開」，提出個人對國際新聞製播想法。

　　新加坡總理李顯龍曾指責臺灣媒體常是信口開河、思想偏狹的一群，「因為報紙上幾乎全是島內新聞，鮮少報導國際形勢。」

　　台積電董事長張忠謀在與紐約時報發行人Arthur O. Sulzberger, Jr. 對話時，也期盼台灣媒體能夠多報導國際新聞，增加國際評論。

　　對此不一而足的責難，還記得我在評論尼泊爾媒體時曾寫到，「這一代的台灣人早已不再迷信權威，甚至敢於向權力嗆聲，一切就像呼吸一樣的視為理所當然，不必擔心會有任何後果發生，現在的尼泊爾，要趕上台灣的自由民主，最起碼還要數十年的時間。」

　　「但是，對比這個有超過四成人口生活在貧窮線以下的國

家而言，就令人不得不佩服尼泊爾新聞工作者，為爭取新聞自由
與言論自由，陷於危險邊緣卻仍前仆後繼、毫無懼色的勇氣與毅
力。」

　　兩相對比，台灣媒體的下一步應該如何走下去？

　　身為公民社會的一分子，這可能是每一個人都必須正視的問
題。

　　本書所收錄的文章，散見於各媒體，正是近年來個人的一點
心得彙整，除寄望能夠持續惕勵自己的反省反思以外，更期待藉
由更多媒體人的努力，提供閱聽人更多元的新聞觀點。

（二○○五年十月於木柵）

媒體與政治（下）──目錄

第伍章
全球媒體生態

一、媒體活力與國際交流

正如陽光、空氣、水，媒體已成了每一個人必需品。

〈Media Watch媒體觀察──台灣vs.世界Media and Communication〉

（編按）非洲的馬薩伊傳奇，透過廣播、電視、報紙、網路等新聞媒體，傳播到歐洲、亞洲、拉丁美洲等以不同語言溝通的國家及區域，這是媒體的力量，也是人類跨越界線彼此溝通的有力工具。

二○○四年諾貝爾和平獎女得主旺佳莉‧馬薩伊（Wangari Maathai），這位被暱稱為「親愛的媽媽馬薩伊」的勇敢女性，是第一位獲得諾貝爾和平獎的非洲女性，她透過媒體告訴全世界，對資源的良好管理、民主與和平是全球持續發展的三大支柱。

綠帶運動（Green Belt Movement）最終將成為肯亞民主運動的一部份，我希望我們能夠做許多有益的事情，不僅在肯亞，還有整個非洲，甚至擴及世界的更大範圍。

對資源的良好管理意味著公平地分配資源，照顧最大多數人民的利益，消除貧富差距，只有這樣，人類才能享受永久的和平與發展，因為如果沒有民主，資源便不可能得到公正合理的分配，和平更是發展的基礎，對於世界永續發展而言，這三大支柱就像一個三腳凳的三條腿一樣，缺一不可。

馬薩伊於一九七七年起號召並資助非洲女性植樹的「綠帶運動」，近三十年來，馬薩伊積極動員貧窮、弱勢的非洲婦女種植了近三千萬棵樹，建置了六千多個苗圃。「綠帶運動」不但緩和了非洲森林砍伐的速度，更為婦女帶來了收入，使她們能夠平

媒體與政治（下）

等、有尊嚴在族群中扮演領導者的角色，馬薩伊在保護生態環境
的同時，也提供了非洲大地數萬人的就業機會。

媒體促進瞭解與互動

正如馬薩伊所說的消除貧富差距、兩性平權、推動和平、落
實環保等主張，「民主運動」是一切發展的基石。馬薩伊近三十
年來在肯亞努力耕耘，擺脫壓制性思想箝制及傳統思維窠臼，提
供女性與貧苦人民新的可能性，所有的成就，透過廣播、電視、
報紙、網路等新聞媒體，傳播到歐洲、亞洲、拉丁美洲等以不
同語言溝通的國家及區域，讓全世界知道非洲有一位不平凡的女
性，此時，媒體適切地扮演了促成國際間相互瞭解的重要觸媒。

藉由新聞媒體報導，分布在世界各個角落的閱聽人，共同
體認到二○○四年是全球衝突、飢貧災難頻仍的一年，世人經歷
了美國與伊拉克戰爭的悲苦，阿拉法特之死與以巴和戰關係，南
亞地震、海嘯襲掠，所有的災難都在國內與國際媒體上被大幅報
導，令人動容，生活在台灣的我們，也與全球同步分享資訊、對
話與交流，驗證世局的演變。

這樣的全球互動經驗，在底下所引述的新聞報導中，已經成
為我們整體生活的一部分。

——二○○四年九月一日，三十名車臣武裝分子佔領了俄羅
斯南部別斯蘭一所學學，挾持一千兩百名參加開學典禮的學生、
家長和教師，這起人質綁架事件造成三百三十九人喪生，七百餘
人受傷。佔領學校的兩名恐怖分子遭擒，其餘三十人被擊斃，車
臣與俄國族群緊張關係，各大報紙紛以頭條新聞刊登，距離俄國
千里之遙的我們，亦同步感受到別斯蘭學童父母的憂慮與不安。

——蘇丹達佛（Darfu）的種族屠殺（genocide），在BBC、

CNN等國際媒體向全球密集報導下，讓原本被隱瞞的殺戮場景現形，美英等強權國家被迫干預、調停，華盛頓郵報二〇〇四年十二月二十三日報導中，更直指中國在蘇丹達佛（Darfu）種族屠殺扮演重要角色，北京政權力挺蘇丹，主要是因為中國在蘇丹投資龐大，每年坐收石油收益，中國更在販售蘇丹武器而獲利，並不因為達佛的血腥衝突已經造成一百五十萬名平民逃離家園，以及成千上萬人喪生而有任何妥協與改變。

──台海兩岸關係緊繃一直是國際媒體關注焦點，二〇〇四年十二月六日，包括「無疆界記者」（Reporters sans frontieres）、「奧運觀察」（Olympic Watch）等歐洲二十四個非政府組織，以「歐洲反對歐盟解除對中國武器禁運聯盟」名義，發表署名公開信，致函歐盟，要求在中國確實改善人權狀況之前，維持對中國軍火輸出禁令。而歐洲議會在二〇〇四年十一月十七日已經表決通過維持對中國武器禁售政策，要求中國採取具體措施改善人權狀況。

面對全球新興挑戰

面對全球戰爭衝突、飢荒貧窮與醫療衛生等困境，國際綠十字會（Green Cross International）主席戈巴契夫（Mikhail S. Gorbachev）在「二〇〇五年全球現況」（State of the World）一文中指出，聯合國一百九十一個會員國二〇〇〇年所宣誓，在二〇一五年達成八項「千禧發展目標」（Millennium Development Goals），目標包括根絕貧窮、促進經濟發展與確保環境永續發展，這些目標在二〇〇四年十月於開羅所舉行的「人口與發展國際會議」（International Conference on Population and Development）再次獲得各國確認，戈巴契夫的人道主義理想性也

值得在此加以引述：

　　貧窮持續破壞了區域發展，愛滋病無止盡的擴散蔓延，使得不少國家面臨公共衛生領域的不定時炸彈，過去五年來，已有二千萬名兒童因為可預防的流行性疾病而死亡，成千上萬的人民每天生活在悲苦與缺乏清潔飲水、基本衛生設施缺乏的環境當中。

　　我相信今天的世界正遭逢三大挑戰，這些挑戰包括安全議題、貧窮議題與永續環保議題，為逐步解決以上困境，在我所協助提出的「地球憲章」（Earth Charter）部分，其中「道德條款」（code of ethical）等原則已獲得超過八千個組織，以及全球一億人的支持。

　　正如戈巴契夫所言，只有在公民社會原則下，藉由主動參與，我們才可能成功建構二〇〇五年永續、正義與和平的世界。羅傑斯（Everett Rogers）及蕭麥克（F. Floyd Shoemaker）的「創新使用」（adoption of innovation）理論，即很清楚表明新傳播媒介的使用，將可透過外在資源的使用與創新社會發展創建新的文化。

　　英國BBC二〇〇五年一月十七日以「聯合國要求加快行動根絕貧窮」（UN urges rapid on poverty）的報導，期待透過「千禧發展目標」在二〇一五年減少全球一半貧窮人口。哈佛經濟學者沙克（Jeffrey Sachs）強調，「這樣的目標絕非幻想，而是明顯可達成的」。由於貧窮所衍伸出的衛生醫療問題，造成每月近十五萬名非洲兒童死於瘧疾，這些都是可以預防與治療的傳染病，改革也勢在必行。

　　聯合國糧農組織二〇〇四年年終報告也警告，貧困非洲

二十三國已面臨食物短缺，全球各地捐贈者提供大約二百八十萬公噸的食物，但是受到北部及西部非洲遭到十多年來最嚴重一次蝗災入侵，將導致糧食生產危機發生，以及貧因人口更陷絕境。

正當各國聯手希望減少貧窮人口之際，亞洲開發銀行（Asian Development Bank）也指出，受到南亞海嘯衝擊，將有二百萬亞洲人將陷入貧困景況，亞銀擔心「貧窮將會是南亞各國所將面對的最嚴重潛在危機。」

事實上，在亞洲有將近十九億人每天的生活費不到二元美金，亞銀擔心未來將有一百萬名印尼人、六十四萬印度人、二十五萬斯里蘭卡人、二萬三千名馬爾地夫人加入貧窮大軍。

▌台灣媒體，自我詮釋

二○○四年十二月二十六日所發生的南亞地震與海嘯災難，台灣從政府到民間團體全體動員，此舉也受到全球媒體重視，重要媒體例如CNN、《今日美國報》、《華盛頓郵報》、美聯社、德通社、法新社及日本媒體都全面加以報導，不少國際媒體新聞資訊與拍攝畫面都由國內媒體所提供，使得全世界，不分地域都可看到台灣人的愛心。

政府也透過國內十五家電子媒體、五家平面媒體及演藝界，推出「明天過後，一萬個希望」救援捐款，預計募集新台幣三億六千萬元，以三年為期賑助一萬名南亞受災兒童。

中正大學副教授謝敏捷在《中國時報》二○○五年一月二十三日所刊登文章中也指出，「台灣曾是美國、日本援助下的受益者，經濟發展成功之後，有義務回饋國際社會，多數人民也接受作為國際社會的成員，以及為了開拓國際空間，適當地對其他國家進行支援。」

　　台灣人的愛心，依照土地面積大小與人口比例，結合政府五千萬美金與民間近二千萬美金的捐款，總計逾七千萬美金，與任一捐助國比較起來都毫不遜色。

　　政大國關中心研究員林正義，二〇〇五年一月二十日於《中國時報》的〈救援政治學〉一文也指出，南亞海嘯援助金額持續加碼，大國的救援行動表面是人道考量，但也希望能增加政治外交或軍事的實質效益。

　　——在海嘯之前，美國提出麻六甲海峽「海事安全倡議」，但受到馬來西亞、印尼抵制。海嘯之後，美國與印尼軍方交流關係恢復，藉由對印尼的影響力，將可加強對麻六甲海峽的監控。

　　——海嘯侵襲南亞，印尼、泰國首當其衝。台灣與這兩個國家關係密切，印尼新政府甫上台、泰國即將舉行大選，台北除人道救援外，改善關係的計畫需有細緻的操作。

　　各主要國家對受災國的援助，已由救難搜救進入災後重建，全球累計逾四十億美元的捐助金額，這樣的成績，也要拜全球科技匯流（technological convergence）所賜，藉由傳播衛星聯結起全球媒體、高速電腦、網際網路等訊息，並結合政經與社會力量，使得災難發生數小時後，全球即已同步感受到南亞人民最深沉的哀傷。

▌重新省思國家詮釋權

　　雖然大海嘯發生之後，美、日、印度、澳洲的積極救援，改變了可能的國際情勢發展，但在經濟需求與消費要求（economic demand and consumer need）概念下，媒體競爭（media war）加速

了傳播的精緻化與個人化。

西方媒體經由持續的購併，使得大者恆大，也導致強權國家掌控了全球媒體的發言權與詮釋權，對台灣而言，當台灣已發展成為政經先進國家同時，是否也該省思台灣本身形象的詮釋權，是否掌握在我們自己手上，還是依賴國際媒體決定了台灣人觀看世界和省視自己的方式。

面對國際巨變與新聞詮釋，台灣仍有不少新聞工作者，試圖提出不同於西方的獨到的見解與資訊。

台灣新聞記者協會刊物《目擊者》雜誌第四十四期也報導，二○○四年第三屆卓越新聞獎中的國際新聞報導獎平面媒體類得主徐錫滿，引用波斯古詩人Sadi的話：「全世界人類就像是同一個身體，哪個地方痛了，其他的地方也跟著疼了。」期待台灣能從關心國際新聞中，秉持「人苦我悲之」的心情，時刻反省自己。

國際新聞報導獎電視類，由陳佳誼以「哭泣的阿富汗專題報導」獲獎，專題中的一段話：「面對台灣來的旅客，阿富汗人民顯現出冷漠的臉、好奇的臉…，唯獨缺少女人的臉。」採訪播出內容令人久久難以釋懷。

另外，行政院青輔會主辦的「二○○四年競報NPO—媒體報導獎」，主委鄭麗君在頒獎時也指出，各個獎項除了鼓勵營造第三部門優質發展環境，提升台灣第三部門服務品質以建立國際參與促進機制外，更希望政府、NPO與媒體可以為青年勾勒出一個不一樣的夢想藍圖，讓她們的夢逐步實現。

▌記者必須培養敏銳觀察力

不管是卓越新聞獎或是NPO媒體報導獎，最重要的就是記

者能夠帶領觀眾進入國際現場，調查當地人民的悲苦與無助，告知台灣人如何有效提供必要協助，正如密蘇里新聞學教授溫伯格（Steve Weinberg）在《記者指南》（The Reporter's Handbook）一書中所強調，「記者必須培養新聞調查力與敏銳觀察力，以防範捐款被濫用，孤貧者遭到二度剝削卻不自知的情況發生。」

哲學家許茲（Alfred Schatz）在「傳播與社會真實的構築」意義上，延伸出「社會詮釋者運動」（social constructionist movement）主張，強調世界並未對觀察者做出客觀的自我呈現，它係藉人的體驗而為眾所認知，這樣的體驗值得在此加以引述：

我們賴以進行日常生活的這一個世界，絕不是我所擁有的一個隱秘世界，而是由一個不同心境互換世界的開端，由關係人共享，由其他人加以感受和闡釋；簡單地說，這是對我們所有人一視同仁的世界。在獨一無二的人生經驗之下，本人發現，在任何我所存在的時刻中，只有一小部分是由我自己推動。（轉引自程之行所譯傳播理論）

媒體的功能，也使得諾貝爾獎「訴諸全球和平與創造人類福祉」的理想與價值標竿，得以透過新聞媒體傳佈擴及到世界每一個角落，形塑成為人類價值標竿。

一九八八年諾貝爾和平獎由聯合國維和部隊（United Nations Peacekeeping Forces）獲得，在頒獎的同時已有七百三十三名年輕維和生命在戰火中殞落，代表領獎人Javier Perez De Cuellar致詞時，混雜著悲喜心情進行受獎告白，令人有著深刻體悟，他指出：「在我們奮力維持世界和平，以及依循法律的原則下，我相信維持和平行動在全球扮演著重要的角色。有些時候，維和部隊扮演著類似國內警察的角色，堅定執法、維持和平，從聯合國分

布在全球十五個維和部隊的身上，我們證實了維和能力的存在，這樣的能力已跨越了國際衝突與全球暴力的界線，使得衝突地區得以遵循國際法、弭平戰火、奉守正義。」

媒體傳播發揮「寧靜力量」

事實上，一九九五年聯合國耗資三十億美元，派出了十八支維和部隊，動員了五萬八千人，分布在八十四個國家，以求有效遏阻全球區域衝突。聯合國從一九四八年起凝聚各國力量，招募超過七十五萬人投身維和任務，並有一千四百人奉獻出他們寶貴的生命，但必須肯定的是，這樣的機制對維護世界和平貢獻至深且鉅。

台灣短期內或許仍難公開加入國際維和，但是台灣卻可在微妙國際體系下，藉由媒體傳播的力量，發揮「寧靜力量」，維護國際和平與人權，爭取國際友誼，積累涉外實力。

美伊戰爭期間，台灣即著手提供伊國難民所需的人道醫療救援，並在主要戰爭告一段落後，積極協助伊國的重建工作。

二〇〇四年五月，筆者出席雅典國際記者聯盟會議期間，與來自伊拉克的庫德斯坦記協（Kurdistan Journalists Syndicate）代表闢室對話，話題含括兩地政經發展、媒體現況與其他合作可能。

會談結束時，庫德斯坦記協代表握著手機告訴筆者，這是「Made in Taiwan」的產品，他說伊拉克庫德區內的很多民生必須品都來自台灣，他們雖然沒有來過台灣，但對台灣政治民主與新聞自由的成就卻是耳熟能詳、讚譽有加，他們渴望能夠多方面獲得台灣的支援與經驗交流。

庫德人曾自嘲：「庫德人是沒有朋友的民族」。但在二〇

四年的國際記者聯盟年會上，庫德斯坦記協代表卻是努力結交像台灣這樣的真誠朋友，希望經由媒體力量，將他們重建一個新國家的願望向全球發聲。

結合政府、民間與媒體力量

世界衛生組織（World Health Organization）於二〇〇五年伊始，邀請非洲八個國家：尼日、奈及利亞、埃及、布吉納法索、象牙海岸、中非、蘇丹及查德，宣導、展開大規模對抗小兒麻痺的疫苗預防接種，期望在二〇〇五年底前能夠終止這種病毒在非洲大陸的傳播。

一直爭取加入世界衛生組織的台灣，是否也曾思索，台灣在包括友邦查德與布吉納法索等國家，能夠結合政府、民間與媒體力量，為這些國家在衛生醫療上進一步奉獻心力。

五十年前，台灣受惠於各國政府、宗教團體、民間團體與個人的援助，包括經濟與醫療等行為，現在台灣已經有能力回饋國際社會，展現地球村一分子的義務，類似「台灣路竹會醫療志工」等民間組織，自一九九八年起即展現充分活力，將服務觸角延伸至海外貧窮國家，勇敢面對戰亂、飢荒與貧窮，每一年的農曆春節，路竹會醫療團都是在非洲渡過，濟助範圍包括賴比瑞亞、史瓦濟蘭、甘比亞等國家，長期的積累與努力，對台灣突破外交隔離（apartheid）、圍堵（containment），都將產生積極助益。

藉助媒體，廣結善緣

透過哈伯瑪斯（Jergen Habermas）的「公共領域」（public sphere）與葛蘭西（Antonio Gramsci）的「文化霸權」（cultural

hegemony）理論，可以觀察瞭解，強權國家的媒體報導內容與範圍指涉常成為壟斷／多元、透明／霸權的詮釋指標，衍生出的文化權力，成為主導、形塑全球閱聽人共享的概念體系，以致偏差與傾斜難免成形，台灣面對此一不利局面，有一點必須謹記，唯有加強台灣與國際媒體組織互動，充分彰顯台灣民間的活力與主體性，才能突破中國是「和平崛起」與台灣是「麻煩製造者」等隱而不顯的假設及事實扭曲的刻板印象（stereotype）。

副總統呂秀蓮在二〇〇二年印尼行即強調柔性國力的重要性，包括人權、民主、和平、愛心及科技發展。美國甘迺迪學院院長奈伊在《柔性國力》（Soft Power: The Means to Success in World Politics）一書中也強調，柔性國力是吸引和說服的藝術，重點在於獲取人心，尤其在全球資訊化時代，資訊是權力，現代科技更加速資訊擴展範圍。

去年八月，筆者前往雅加達與印尼新聞記者協會（Aliansi Independen Jurnalis, AIJ）會長Eddy Suprapto及各媒體代表座談時，發現印尼記者的工作條件雖然不如台灣，但是印尼同業仍對台灣經濟實力及台商表現感到很大興趣，除此之外，對台灣與印尼外交關係，及台灣有心協助各國發展與援助等新聞報導則是顯得很陌生，對台海兩岸關係現況，也是一知半解，印尼記協會長期待台印兩國友誼能藉由媒體交流與新聞採訪支援，增進雙方訊息瞭解，而不是經由二手傳播，使得新聞失真，認知差距擴大。

讓你我心靈不會任人宰制

前任花旗集團主席萊斯頓（Walter B. Wriston）在〈不可避免的全球對話〉（The Inevitable Global Conversation）一文中即明白指出，「對閱聽人而言，最好的消息就是在資訊化時代裡，大

家可藉由多方管道獲知訊息情況下，你我的心靈才不會任由人所宰制。」

因此台灣與印尼媒體組織，只要經由有效的溝通管道（pathways），透過全球專業平台做為中介角色，加強多元互動，拋開雙方預設心態與既有成見的複製，相信台灣與各國專業組織將可因此達成緊密聯結的目標，國際記者聯盟（International Federation of Journalists ,IFJ）即扮演其中重要的角色功能。

正如台灣記者協會駐歐聯絡人廖立文，在《目擊者》雜誌四十一期所指出的樂觀期待：

台灣記協現在已經是記協聯合國——國際記者聯盟中的正式會員，並期待在未來的亞太區域執會中爭取認同，主動扮演區域事務協調的積極角色。近年來，中國不斷在國際媒體上將台灣打壓成「麻煩製造者」（troublemaker）的形象，讓台灣在NGO事務的參與也難得合理機會。回顧台灣記協在加入IFJ的過程，逐年派員出席參加會員代表大會，現積極融入亞太區域事務的協調進程，已在國際記者聯盟組織中建立細緻與實際的印象。

國際記者聯盟是擁有全球一百一十國家五十萬名記者會員所組成之非政府組織，台灣在第二十五屆會員大會獲選為亞洲區第二順位候補執行委員席次。

透過國際記者聯盟，台灣記者組織獲得更大的國際能見度，以及議題上的支持，二〇〇四年五月，IFJ所召開的「規章修正與會員提案大會」，台灣新聞記者協會於會上正式提出「29號提案」，指出台灣記者在世界衛生會議（WHA）上遭到聯合國取消採訪權議案，尋求IFJ聲援，獲得大會無異議表決通過，IFJ並

正式發函聯合國表達立場，這是台灣NGO媒體組織的成就，也為台灣與全球一百一十國家五十萬名記者會員搭起友誼之橋。

去年十一月，在與孟加拉新聞記者協會（Bangladesh Journalists Rights Forum, BJRF）秘書長拉曼（Ataur Rahman）討論兩國會務發展時，拉曼對台灣經濟發展與民主成就表達高度讚揚，過程中，拉曼一直表達期待兩國媒體人員能加強互訪，雖然兩國迄無邦交，目前以「台北駐孟加拉代表處」（Taipei representative Office）為名的台灣駐孟加拉代表處，才於去年在首都卡達掛牌運作，去年八月台灣勞委會主委陳菊也曾前往訪問，這是孟加拉一九七一年獨立以來，首位台灣訪問的部長級官員。

面對兩國已有的初步接觸，如果能透過媒體彼此認識，強化民間關係，提供孟加拉貧困人民所需，增加彼此新聞內容聯繫，可以預見將有助於兩國實質關係發展。

兩岸媒體，國際角力

媒體無遠弗屆的傳播功能，對於國家發展與對外關係，具有舉足輕重地位，美國前任聯邦傳播委員會（Federal Communication Committee）前主席尼儂（Newton N. Ninow）在〈何其廣漠的荒原〉（How Vast the Wasteland now?）一文即非常傳神的指出媒體發展方向：

當一九六二年美國傳播衛星發射升空時，我們知道這是很重要的一件大事，但是我們並不清楚它的未來性，我記得我曾告訴甘迺迪總統，發射衛星要比送人上太空這件事重要得多，因為發送衛星進入太空是一個偉大的思維，這個思維將遠遠超越人類發展本身，三十年來，歷史告訴我們，衛星已跨越政

治藩籬，並不因柏林圍牆而受阻，也不受天安門廣場的坦克威脅，及巴格達獨裁者所制約。

尼儂預言，二○二一年的傳播科技將呈整合趨勢，四大力量將驅動這樣的科技匯流，分別是全球化（globalization）、光纖（optical fiber）、電腦（computers）與衛星科技（satellite technology），新的世代也將掌握這樣的科技權力，跨越荒原（wasteland）走向應許之地（promised land）。

格林菲爾德（Greenfield, P. M.）也在《心靈與媒體》（Mind and Media）一書中表示，任何一個媒介都有其認知利益與不利（cognitive advantages and disadvantages）的描述，任一媒介也企圖利用這個優勢去改變其他人。

面對媒體與科技的力量，中國透過黨政軍集體力量，盤踞掌控媒體為其宣傳工具，進行對內控制與對外統戰工作，建政以來毫不放鬆，根據紐約人權觀察組織「2004年世界人權報告」即指出，中國官方雖然保證將進行法律及政治改革，但對新聞媒體的箝制以及對言論自由的種種限制，已使得中國侈言的改革行動深受破壞。

新聞報導基本原則，棄如敝屣

中共總書記胡錦濤在二○○四年九月中共十六屆四中全會閉幕會議中也強調，「國內媒體打著政治體制改革的旗號宣傳西方資產階級議會民主、人權、新聞自由，散佈資產階級自由化觀點，否定四項基本原則，否定國體和政權。針對這種錯誤，絕不能手軟，要加強新聞輿論管理，不要給錯誤思想觀點提供渠道。」

中國新聞出版局在二○○五年所推動的新聞出版改革政策，也主張嚴控影音製品、電子出版物和網路出版物，啟動「二十四小時網路出版內容實時動態審讀監管」機制。

北京政權的媒體壟斷，並無助化解對外敵意與觀念偏差，所謂新聞報導的嚴謹與公正早已被棄若敝屣，嚴重威脅著兩岸三地良性互動。

香港新聞記者協會二○○四年年報，即以「北京加壓——香港表達自由受挫」為題指出，從香港言論自由遭到北京當局箝制，以迄愛國論爭議發生，已使得香港新聞自由空間受到大幅擠壓，根據港大民意研究計畫於十月十九日所公布的調查結果顯示，對北京中央及港府表示不信任的受訪者，較早先的調查已分別下跌8%和12%。

「港協年報也預示，言論自由和民主相輔相成，沒有民主，言論自由與新聞自由將不再是理所當然，頂多只是一種由當權者所賜予和容忍下享有的自由」。中國政權所表現出的新聞價值，則是對民主化與自由價值的頑抗。

面對兩岸緊繃關係，我一直深信，當中國持續污名化與妖魔化台灣的同時，如果一味希冀中國釋放對台灣的善意將不啻緣木求魚。

做為一名新聞工作者，面對中國幾無掩飾的意識形態敵意，在國際場合上，最常見的手法就是意圖矮化台灣地位、改變台灣身分，以「一個中國」概念，塑造出僵固形象，合理化解釋與涵蓋台灣的真實地位。

其中舉兩件個人親自出席的國際專業組織會議，遭到中國扭曲對待所激起的敵意與衝突，不只令人格外反感，也讓人憤慨，如果台灣人只是噤聲，毫不抗議，我覺得這樣既對不起自己，也

對不起這塊土地。

　　案例一：一九九九年五月，參加紐約「聯合國地球論壇」大會，會前，聯合國官員即表示，希望台灣媒體代表能夠配合議事討論保持低調，以免引起中國的不悅。

聯合國經驗令人憤怒

　　當天會議在聯合國二樓的「託管事會」議事廳舉行，現場及時向全球轉播，除了安南發表專題演說，並接受各國媒體提問外，會議主題則是鎖定：科索夫、伊拉克、安格拉與中東戰事，討論有關人權、區域和平與安全議題，媒體代表並與部份會員國駐聯合國大使舉行圓桌研討會。

　　「聯合國地球論壇」會議進行當中，當台灣媒體代表發言請問安南，有關台灣與中國問題，以及台灣加入聯合國議題時，安南則以「No Comment」一語帶過，當台灣代表要再接續詢問時，則被安南惡意制止，輪由黎巴嫩代表發言，這樣的屈辱感覺到今天仍記憶猶新。

　　會後，聯大代表宴會廳上，台灣與中國媒體代表各坐一方，彼此冷淡對應，一場應是難得的饗宴卻是味同嚼蠟。

　　這場地球論壇會議，中國因素明顯左右了安南發言，也影響了聯合國與台灣媒體的互動機會。

　　案例二：去年十一月在漢城舉行的「二○○四東亞記者論壇」會議，計有二十國六十代表與會，這個會議緣起於「韓國記協」於二○○三年十月所籌設舉行，目的在團結亞太地區記者組織，促進此一地區之新聞自由發展。

　　但是，此次會議原意應為各國記者組織的專業經驗交流，卻意外引發台灣與中國對於「台灣」記者協會的名稱爭議，為了究

應冠以「台灣」、「中華台北」或是「中國台北」稱謂，彼此對抗角力，這樣的爭執一直到結束晚宴上仍持續上演，在台灣與會者抗議發言下，不只主辦單位尷尬，中國代表更是難堪，但這樣的互動方式，卻是我們與會時所始料未及的。

面對中國的打壓，台灣記協代表則是積極結交各國媒體代表，不但贏得友誼，也獲得各國尊重。

事實上，面對國際現實，實力原則才是突破困局的唯一手段，如果台灣能夠發揮一如猶裔美人的凝聚力與影響力，各界菁英能夠集思貢獻，彰顯台灣民主成就，透過民間力量伸出友誼之手，將可有效突破國際困境。

台灣經驗輸出國際

除了台灣新聞記者協會的努力以外，台灣從政府部門到民間組織都充滿了活力與生機，強烈的爆發力，這幾年來持續投入大筆資金與物資，藉由愛與非暴力的核心共識，濟助非洲、拉丁美洲與亞洲友邦，這樣的奉獻已經成為台灣回饋國際社會的核心理想。

達賴喇嘛在一九八九年領取當年度諾貝爾和平獎時，正逢中國六四事件發生，全球觀眾經由CNN全程目擊中國人民解放軍開進北京城，屠戮自己同胞的血腥畫面，大家震驚於這一幕幕的場景就在眼前發生，達賴喇嘛除了表達關切，也再次闡揚「愛與非暴力」主張，希望追求民主的精神能夠在中國大地上開花結果。

不管我們所將面對的未來世界會是如何，但是做為一個人，我們都會選擇趨吉避凶（seek happiness and try to avoid suffereing），我們都有人類與生俱來的欲求，就是自由與自決

（right to determine），這就是人性，這樣的機遇在全球各地都持續在發生，從東歐到非洲都清楚彰顯此一趨勢。

在中國大陸，一九八九年人民群眾爭取民主運動雖受到殘酷武力鎮壓而殞落，但我不相信這樣的抗議行動是徒然、無效的，因為追求民主的精神將在中國人民心中重新點燃，而中國將很難逃離這樣的衝擊。

正如達賴喇嘛所說的，暴力只會衍生更多的暴力（violence can only breed more violence and suffering），大家必須秉持非暴力與自仇恨中解脫，協助人民脫離苦難，而不是使人民持續擔負苦難。台灣人民一直是熱愛和平，堅持非暴力的理念與主張，台灣更已積累三項經驗可以對外輸出，造福全球，創造一個更繁榮民主的共享世界。

台灣經驗輸出之一：經濟與政治奇蹟

台灣從農業國家蛻變為高科技國家，台灣的全球投資環境更獲得「商業環境風險評估公司」（BERI）列為全球第五名、亞洲地區第三名，以及台灣的全球競爭力被「世界經濟論壇」（WEF）評比為全球第四名，僅次於芬蘭、美國和瑞典。

除了經濟奇蹟以外，台灣也創造了民主奇蹟，一九九六年美國自由之家（Freedom House）評比，肯定台灣是一個完全自由民主的國家。台灣在二〇〇〇年總統選舉，經過民主公開的選舉，在無外國勢力干預，無任何衝突以及無任何槍聲之下，從執政五十年的國民黨手中將政權和平轉移到另一個政黨，這樣的畫面透過台灣與國際媒體傳播世界，贏得舉世一致讚揚。

國際記者聯盟在去年五月雅典年會當中即指出，面對實

質財務援助與清除債務都有困難情況下，全球化並無法解決二○一五年貧窮減半構想，這就代表建立一個公平、正義社會，推動民主環境動力也將伴隨衰退，而全球化媒體將可帶領新世界力量，達成有效資訊傳遞與溝通，形塑多元目標，遠離歧視（discrimination）、不公（injustice）、男女平等與戰爭壓迫（war and oppression），營造全面民主（full democracy）與尊重人權（human rights）。

事實上，身處撒哈拉非洲大陸、中東、北非、拉丁美洲、加勒比海與面臨經濟轉型的東歐與中亞等國家，都將面對貧窮減半可能失敗的陰影衝擊，以及因疾病可能導致的大規模兒童死亡悲劇。

對比各國，台灣擁有強大政經與民主成就，台灣更有實力輸出我們的「台灣經驗」，協助上述國家走過困境。

▍台灣經驗輸出之二：台灣的志工精神

國際志工協會IAVE世界總會會長柏恩絲（Liz Burns）二○○四年來台，讚揚台灣志工組織運作充分接軌國際，組織網絡健全，更由於陳水扁總統以身作則帶動台灣志工精神，對台灣志工推展幫助很大。陳總統表示，他一直相信，全球能度過一次又一次的危機，就是靠著許多人鍥而不捨的精神，一點一滴地努力所換來的。

台灣在二○○一年正式成為國際志工協會全球第五個分會的那一刻起，就象徵著台灣志工邁向國際化的開始，中央社在「呼喚公民社會」報導中也專訪IAVE, Taiwan理事長吳英明，他強調，如果台灣能夠有一千個民間組織可以聘用通曉英語等國際語言的人士，擔任台灣的外籍志工，台灣民間社會便立刻可以與國

際接軌。

　　《中國時報》記者楊珮玲在二〇〇五年一月二十三日的〈一場毀滅，新生的開始〉報導，可給予台灣一些啟示，文章中指出，日本阪神十年前的地震可說是催生了日本志工活動和非營利組織活動的發展，重新串起現代社會中失落的人性真善和互助面。

　　關西新聞俱樂部事務局長大島次郎說，「當年從全球來幫忙的一百二十多萬志工湧進災區，但當時日本志工事業不發達，無法有效協調想幫忙的人，情形相當混亂。」但日本痛定思痛，成立了非營利組織的相關法令，各種志工活動和組織越趨專業，今天在全球非營利組織中擁有相當影響力。

　　參考日本經驗，台灣表現也不遑多讓，IAVE, Taiwan理事長吳英明為了促進國際瞭解，也建置了「IAVE, ORG志願服務交流平台」，展現了台灣的科技優勢，也和全世界的志工組織發生了密切的互動，增進全世界對台灣的友誼。

　　歐盟文教委員會的執行委員蕾汀（V.Reding）女士，二〇〇四年來台接受輔仁大學頒授名譽博士學位時指出，要發展強大有力的知識經濟，教育和終身學習扮演了決定性的角色。

　　陳總統回應指出，台灣在五年多來，政府及民間持續不斷投入社區大學教育經費，教育部自九十年度以來，已累積投入高達五億元新台幣。現在，社區大學不僅建立起口碑，數量也已超過七十所，連金門也設立了社區大學，提供十萬名以上成人終身學習的機會。

　　台灣正透過傳播新科技的建置，挑戰與刺激思考，引領新資訊源、新對話管道、新思維、新意見的誕生，不同於傳統媒體的公式化觀點，這樣的趨勢，對於台灣志工平台建置與終身教育，

將加速發展速度，並反饋國際社會。

▎台灣經驗輸出之三：縮減全球數位落差

　　不同於Nicholas Negroponte對數位時代（Being Digital）崛起的觀察，全球化雖然帶動了民主價值與人權觀念的散佈，全球化的結果也使得全球「資訊富國」（information rich）與「資訊窮國」（information poor）落差擴大，數位發展雖使得「電子化論壇」（electronic agora）與「線上民主」（online democracy）蓬勃，根據統計，全球仍有近八成的人沒有聽過電話撥號聲。

　　事實上，台灣擁有傲人的資訊科技力量，數據顯示，二〇〇四年「台灣寬頻網路使用」調查報告，截至二〇〇四年七月中旬，台灣地區上網人口成長已達到一千二百萬人，上網率達56.49%。其中寬頻網路使用人數逾九百萬人，約佔總人口數五成。台灣資訊硬體產值二〇〇四年近七百億美元，此外，台灣光儲存產業產值在二〇〇二年已達到二千一百億元，預估二〇〇八年台灣資訊儲存產業產值將超過一兆元以上，這都是台灣最大的成就。

　　台灣在二〇〇三年曾派遣代表團參加「聯合國資訊社會高峰會」，成功建立台灣參與聯合國周邊組織活動、貢獻國際社會的國際形象，面對「消弭數位落差」已成為全球推動資訊社會的核心議題，不但包括經濟、社會、教育、勞工、種族、性別等廣泛面向，核心內涵也不只是科技議題，更包括文化等議題，致力於將「數位落差」（digital divide）轉為「數位機會」（digital opportunity），台灣如能藉助資訊科技實力，透過政府與民間科技力量整合，將可幫助國際社群縮小數位落差。

　　前宏碁集團董事長施振榮二〇〇五年一月即以實際行動展開

「薪傳」計畫。媒體報導指出，施振榮捐五千萬元給交通大學，成立「國立交通大學施振榮社會服務基金」，支助執行「縮短數位落差」計畫，未來也計畫派遣數位志工前往非洲、中南美洲等友邦，幫助縮短國際數位落差。

行政院也強調，台灣以非政府組織身分參與各層級國際組織運作，是相當重要的突破，各部會應主動鼓勵並支持區域性或全球性的國際組織或非國際組織，陳水扁總統也期盼不管順境、逆境，每個人都能用愛與和平，攜手帶領台灣走更遠的路，他也以台灣民主成就與科技經貿實力，期許台灣未來能在國際社會扮演不可或缺的角色，突破艱難處境。

結論：強化台灣媒體實力

英國BBC在二〇〇五年一月十三日在「聖職人員要求布萊爾結束貧窮」（Clergy urges Blair to end poverty）新聞中，報導英國「讓貧窮成為歷史運動」（The Make Poverty History campaign）領導人唐‧法蘭西（Dawn French）指出，在非洲每天有三萬人死於饑貧，因此要求首相布萊爾在「G8高峰會」上伸出援手。

二〇〇〇年聯合國所舉行的千禧年高峰會，通過「千禧年宣言」（Millennium Declaration）與「千禧年發展目標」（Millennium Development Goals, MDGs），這樣的目標可以作為衡量公民社會與政府如何合作以減少疾病、貧窮，並且建立一個更公平與正義的世界的一個重要指標，雖然我們並不是聯合國的成員，但是台灣仍可以針對MDGs的參與成果提出報告，藉由媒體力量，讓台灣的NGO可以被國際看見。

國際上對台灣認知不足，與台灣媒體實力難以跨出台灣，訊息傳播仰賴國際強權媒體有關，當中國政權投入大量資源進行國

際傳播，標籤化、定型化台灣形象的同時，我們更應該思考台灣的媒體政策，是否永遠只能在羶色腥內容上持續糾纏。

台灣自從一九六二年第一家電視台開播伊始，即高舉製播「具有中國人／台灣人觀點的國際新聞」的主張，藉以脫離西方媒體箝制，這樣的口號喊了四十年，至今仍在原地踏步。

廣電基金受新聞局委託，公布年度電視新聞定期觀察，這項從去年三至六月，以十二家電視台晚間七點時段新聞為主的報告，在國際新聞部分，量化研究結果，令人毫不意外，國際新聞僅佔各台總播出則數的9.1%。

眾所皆知，台灣各家電視台的國際新聞，長期依賴西方媒體，來源包括：AP、SNTV、Reuter、CNN、CBS、ABC、TBS，新聞選材則多以影劇流行、趣味八卦為主。

這樣的發展，似乎符合新加坡總理李顯龍所預示的台灣新聞指標，台灣媒體過度專注內部問題，較少報導世界所發生的事情，譬如說北韓、伊拉克。

李顯龍遺憾台灣媒體渲染和錯誤報導新聞，指責媒體信口開河、思想褊狹，藉機拉抬收視率與閱報率。

依恃人民集體力量

面對媒體已成台灣亂源的事實，此一說法，令人難以反駁。雖然，電視台國際新聞取材角度可加辯證，但資源配置失當所導致的製播困境，如果無法解決，這樣的爭論恐永難找到答案。

英國BBC在「二〇〇四／二〇〇五節目政策報告中」強調，BBC的目標之一，就在提供全球觀眾最可信賴的國際新聞，以及建構英國文化的全球櫥窗功能。BBC這樣的目標，所依恃的是英國人民集體力量下的資源配置。

　　台灣各家電視台單一駐外採訪點，平均一年二名記者的採訪費與薪資粗估必須四百萬新台幣，駐外記者津貼也要二百萬元，約略就要六百萬元左右，今天多數電視台面臨經營困境，這樣的支出也是能省則省。

　　西方媒體的國際新聞供稿，每天分為早午晚三個時段，每次三十分鐘畫面，投入資源驚人，國內媒體除非有效整合，否則企圖依靠任一單一媒體，製播「具有台灣觀點的國際新聞」恐都將流於空想。

　　以AP（美聯社）為例，一九九八年起分別收購WTN、英國ITN和澳洲Channel 9，正式改制為美聯社電視新聞網，並從全球六十七國的八十三個分社以衛星向全球傳輸電視新聞。

　　Reuters（路透社）則是在一九九二年收購維氏電視新聞（Visnews），建立起布局八十多國的電視新聞網，同樣是透過衛星，每天向全球傳輸新聞畫面。

　　西方媒體定時定量供稿國內電視台，所投注的成本相當可觀，對比台灣媒體在海外部署單一採訪點，不定時的二到三分鐘新聞畫面，不但效益有限，且負荷不起的景況觀察，即可知其中困難，這也是各家電視台被迫大幅削減海外採訪預算的原因。

不僅陌生，更近乎漠視

　　這些年來，政府頻頻宣示南進投資、加入聯合國等主張，但是國人對亞洲鄰國，除了消費觀光與經濟落後的刻板印象以外，對東南亞不僅陌生，更近乎漠視。

　　對聯合國認知，也因台灣處境艱難，一般人除了口號呼應，對此一國際組織也是所知有限。

　　國際傳播的媒介邏輯與國際政治、外交密不可分，哈伯瑪

斯（Habermas）也強調在國際政治中，利用資訊與資本等軟權力排擠對抗軍隊與武器等硬權力的重要性。面對西方媒介標準化產製內容衝擊，麥克邁農（McManus）即指出，新聞組織的經費預算和員工越是匱乏，就有越高比例的新聞是採被動發覺（passive discovered），而非主動取得，因此，充裕資源配置就成為國際傳播成敗的關鍵。

事實上，製播「具有台灣人觀點的國際新聞」，知易行難，如果政府與媒體難獲共識，進行有效資源配置與整合，可能再過四十年，台灣的電視媒體仍將必須依賴西方媒體的新聞餵養。

面對可能困境，台灣媒體可以下列方式達成與國際互動，促進國際社會瞭解的目的，以下列舉犖犖大者，做為媒體努力目標：

1. 加強與各國新聞媒體互動，強化台灣新聞組織催化者的角色功能，為台灣與各國政府與人民建立起和平與合作橋樑。

2. 為達成追求和平與服務世界願景，台灣新聞工作者可以以促進區域和平及繁榮為目標，藉由新聞詳實報導，確保媒體有充分的篇幅眷顧台灣與各國人民對和平與繁榮生活的欲求與期望，突顯戰爭及衝突的危險與恐怖。

3. 進一步地繼續提倡媒體本身的文化價值，協助解決、縮小各個國家經濟與數位落差，消弭可能發生的區域爭端。

4. 朝著這些目標前進，台灣新聞媒體人員可以結合民間機制，擴大國際專業合作與網絡聯繫。

二〇〇四年諾貝爾和平獎女得主旺佳莉·馬薩伊的理想，透過媒體告訴了全世界她的所思所想、感情與期待，從此可以

瞭解，典範媒體的價值在於確保文化多元、傳統與傳承以形塑國家、區域與社群，支持全球民主發展，台灣在完成上述多元目標的同時，更該思考台灣如何與國際緊密接軌，認清台灣在世界所扮演的角色，透過活力四射的媒體角色，輸出台灣經驗，達成貢獻國際社會目的。

　　最後僅援引台灣詩人陳秀喜一九七七年三月發表於《台灣文藝》五十四期，詩名「友愛」的文章，表達台灣參與國際、輸出關愛、擁抱友誼的心情與決心。

> 天涯路浮沉難測
> 星月明暗有時候
> 今宵巧逢星月同光
> 知己南北相聚
> 溫暖的笑語
> 擁抱我們
> 忘了將惜別
> 忘了約後期
> 沉緬在友愛中

二、建置海外電視採訪網

不同的組織文化，可以形塑出不同的媒體佈建經驗。

〈Media Watch媒體觀察─全球媒體鏈Media Network〉

（編按）CNN與路透社透過招聘優秀記者，佈建全球採訪網絡，持續研發攝錄與傳輸設備，全力擴張採訪網絡，深化傳播影響力，所擁有的有形資產與無形資料庫更是龐大傲人。

隨著西方國家直接殖民統治作風的退出，跨國企業已經在世界經濟中成為一股主導的影響力量，特別在它們對第三世界的介入方面格外明顯。（廖仁義譯，1995）

隨著全球性經濟的發展；跨國企業，金融機構及網路的成長；造成「時空壓縮的強化，而對政經實務帶來了方向迷失與斷裂的衝擊」的新傳播及資訊科技（Harvey 1989，轉引自李衣雲等譯著）。

CNN與路透社長期進行海外採訪據點佈建，影響力深入各國政經領導核心，所代表的已不只是媒介的傳佈平台角色，而是代表美國與英國文化與傳播政策的官方發聲機構，甚至是國力延伸的表現。

但是二〇〇三年這一年來，CNN與路透社同樣受到全球景氣下滑衝擊，紛紛進行人員精簡，積極拓展業務，國內各家電視台都分別與CNN或路透社有資訊業務往來關係，這兩家重要媒體多管齊下經營的主要目的，就在於希望能創造營收與降低經營成本，以增加利潤。

雖然CNN與路透社都是國際媒體，但是因為不同的組織文化，使得海外人員佈建與教育訓練上都有著很大的差別。

34

CNN與路透社，不同組織文化

CNN在海外採訪網絡建置與人員培訓的思考上，首重公司獲利，因此一切以節約與效率為首要考慮，並不鼓勵人員輪調與進修，希望員工能專注於工作上的投入，以創造個人的成就感與公司的榮譽。

路透社則是全球密集部署新聞採訪點，鼓勵人員積極輪調與教育訓練，建立明確個人生涯規劃，以增加歷練並培養世界觀。

從研究中也可以清楚看到，不同的經管理念實已內化成為這兩家媒體集團組織文化的一部份。

由於放眼世界，以及市場規模夠大，CNN與路透社得以提供優沃薪資聘雇並吸引優秀新聞工作者，持續研發攝錄與傳輸設備，全力擴張採訪網絡，深化傳播影響力，所擁有的有形資產與無形資料庫更是龐大傲人。

凡此，都是任何一家通訊社所難以望其項背的。反觀台灣，由於受限於市場層層切割，獲利不足影響下，除了財團法人中央通訊社既有的全球佈建以外，沒有一家媒體敢於進行全球佈局，也沒有一家媒體敢於大舉投資。

這也使得台灣面對全球化變局與組織結構重整之際，只有西方觀點，卻難見深入問題核心的台灣觀點，這與資源配置不足有著很大關係。

台灣媒體競爭激烈，新聞內容呈現羶色腥，引人詬病。主流媒體除了國內新聞採訪部署以外，國外訊息多半倚賴國際媒體，其中主要媒介來源多為AP、Reuters、CNN。

但是「只有國外觀點，沒有台灣觀點」一直是引人質疑之處，面對龐大的全球人力與設備建置預算，就讓不少媒體主管不敢跨越一步。

面對已歷經一個半世紀之久的Reuters在全球擁有密集採訪據點，以及美國CNN在一九八〇年代崛起，在全球也有四十個以上採訪分社和九百個左右結盟電視台為例，台灣的國際新聞多以西方觀點呈現，對此，台灣媒體如何以西方既有經驗為師，研究佈建全球採訪網絡可能性，正是此次研究考察所試圖瞭解之處。

個人於一九九七年任職民視、二〇〇〇年任職台視，歷經電視採訪主管工作，對於國際新聞饒富興趣，曾多次赴美國與中國大陸進行媒體參觀訪問，其中包括CNN、中國中央電視台等。

布建海外，接軌國際

二〇〇三年一月再次有機會赴香港短期研究考察CNN與Reuters分社，考察重點在於建置海外採訪記者規劃、成本評估、設備投資與人員教育訓練。

此次考察研究是以個人近幾年對電視新聞瞭解的基礎，兼顧理論與實務，針對CNN與Reuters的記者配置與新聞流程，探討兩個媒體異同之處，期能做為台灣媒體未來佈建全球電視採訪網絡可能性的參考。

本研究考察容或仍有不足之處，但期能拋磚引玉，使我國電視與通訊社等大眾傳播產業對國際新聞媒體能有更深入的瞭解。畢竟當台灣面對全球化挑戰之際，著手規劃全面佈建海外採訪據點已是刻不容緩，也是台灣與世界接軌的必要工作。

設若國內媒體仍無此規劃企圖，仍一味仰賴西方媒體資訊，未來的台灣除將淹沒在資訊大海中，我們所置身的這個小島也將自我放棄在世界的發言權。

CNN創辦人泰德透納曾經說過：「我是非常有野心的人，如果不是因為如此，我們將停滯不前，我們的希望是成為全球電視

新聞與娛樂節目的生產者與行銷者。」

這也是何以泰德透納耗費巨資建構全球採訪據點的原因，也因為這樣的企圖心，成就了CNN成為世界重要新聞品牌之一的原因。（Carlson, Althea,1998）

CNN在新聞戰上花費最昂貴的就是它所特有的全球衛星現場播送，CNN所有的新聞都是依靠衛星傳送，成本也隨著它原本在全球及美國本土佈建十八個辦事處成長擴增為三十四個採訪辦事處而不斷上升。

為了降低成本，CNN也維持與全球各家電視台的良好關係，透過衛星網路，取得即時突發新聞內容。也因為這樣的跨國建置，CNN建立了媒體界嚴謹的人員管理與成本控制作業。

CNN泰德透納憑著獨到而驚人的經營眼光，發動一場跨時代的媒體革命，藉由衛星建構起全球採訪網絡，一手把CNN培植成獲利遠勝美國三大電視網的超級新聞網，「新聞報導」的定義也因而改變。

新聞是傳播正在發生的事

原本是報導已經發生的事，由於CNN的出現，新聞報導如今必須成為「傳播正在發生的事」。

CNN龐大的人力、物力投資，即便美國三大電視網也難望其項背，以CBS而言，海外採訪點也僅設有倫敦、莫斯科、特拉維夫、邁阿密與東京等直屬辦公室處及分台。

根據袁德鄰（1996）指出，以波灣戰爭為例，CNN為了收集這些地區新聞，特別租下了Intelsat332.5（以色列到亞特蘭大，倫敦到亞特蘭）C頻帶二個轉頻器在大西洋上空做兩地同時傳送使用。Intelsat338.5大西洋區KU頻帶，一個轉頻器，供德黑蘭和阿

曼和亞特蘭大連線。

Intelsat57印度洋區，KU頻帶，一個轉頻器供利雅法，巴格達到倫敦分處連線，再經AOR332下鏈到亞特蘭大連線。Intelsat66印度洋區，KU頻帶，一個轉頻器供科威特到倫敦，再上鏈AOR332，下鏈到亞特蘭大連線。Arabsat供巴格達到阿曼連線，其中阿曼到巴格達，巴格達到Dujail發射站之間則用微波連線。

由此即可見CNN拚新聞所做的大筆投資，但也正是因為這樣的投資，才使得CNN在短短二十年間快速搶佔既有通訊社的市場。

另外在亞洲國家部份，以NHK為例，NHK在全球二十九個國家設有分局或駐外記者站。NHK曾一度計畫發展全球性的衛星電視頻道，但後來在估算每年需要投入八億美元的預算後宣告放棄。

台灣部份，其中無線電視台則以台視曾建置八處採訪點佔據最有利的採訪地位，這樣的記錄還沒有一家無線電視台打破過，這八處採訪點分別是紐約、華府、洛杉磯、東京、香港、巴黎、倫敦和漢城（丘岳，1993）。

但也是受到台灣這二年來的廣告量萎縮、收視率下滑等競爭條件日益惡化而逐步撤點，目前常態發稿主要為華府、洛杉磯與東京三個點。

有線電視台部份則是以中天電視台海外佈點相對較廣。

零時差掌握世界脈動

根據中天電視宣傳內容指出，「PowerTV中天新聞台」以即時新聞、財經資訊及各式新聞專題為主，運用大量新聞現場

（LIVE），一天二十四小時，全方位追蹤兩岸三地以及全球華人圈的政經社會訊息（中天，2002）。

中天新聞台強調，從台灣看天下，以華人的觀點報導全球新聞，透過駐紐約、華盛頓、巴黎、新加坡、日本、大陸、香港及台灣各地的採訪中心，對全世界伸出新聞觸角，中天新聞台做為全球華人與世界溝通的資訊橋樑，零時差掌握世界脈動。

中天頻道（國際版）的訊號覆蓋範圍廣泛，強調全球收視觀眾超過一千五百萬戶，無時差廿四小時同步向全球播送，可以接收訊號的地區或國家包括香港、台灣、中國大陸、菲律賓、新加坡、馬來西亞、日本、澳洲、紐西蘭、美國、加拿大、中南美洲、歐洲、南非以及處於太平洋的多個島嶼，如所羅門群島、馬紹爾群島、西薩摩亞、瓦努阿圖、斐濟、巴布亞新幾內亞、關島和塞班島。

即便如此，中天電視台在海外曾經擁有的佈點也不超過十個，與國際媒體差距甚遠，中天在易主中時報系之後，受限於預算與收視率，海外佈點也是逐步減少，部份地區則是由中時原駐外記者以電話連線方式採訪新聞以降低成本。

當然在設備投資與人力評估上是媒體首要考慮的因素。

以台視為例，在北京設置單一採訪據點每月所需支出的費用就很驚人，平均每月約為新台幣二十到二十三萬元左右（台視新聞部，2002），如果再加上文字記者與攝影記者各一人的月薪，每月投資將近四十萬元，一年支出約為五百萬元左右。

由於市場規模有限，這樣的支出對一般電視台而言也是極其龐大的負擔。

曾任新聞局長的趙怡（2003）對此有感而發的指出，「台灣現在的媒體就像在沙灘上奄奄一息」，他表示在擔任新聞局長任

內，即已預見外來媒體帝國主義的商業榨取，強調要獲得國際認同，便要鞏固自身實力。

▎有錢了，專業反倒受制於經費

台通社負責人張桂越（2003）表示，早期的台灣沒錢，但至少還有個中央社，在歐洲、非洲、中南美洲都有特派員。今天最不堪的是，台灣有錢了，中央社反而萎縮國際新聞，砍殺駐外經費，以致專業受制於經費，記者採訪熱情冷卻，怨聲連連，個案不勝枚舉。

這也是何以華視逐步撤除華府採訪據點，台視撤除紐約據點，雙方改採合作提供新聞方式的原因，因為成本正是首要考慮。

此外，中天電視也是相繼撤除包括巴黎等採訪據點，主要的原因還是受制於成本支出。

宏碁集團總裁施振榮（1996）曾經指出：「要累積國際化的實力，人才是第一要務，企業必須及早花時間培育人才。」

不少國外媒體，例如CNN或是Reuters都已是跨國公司，因此在人員配置與全球佈局上考慮的因素就相當複雜細密。

事實上，國際人力資源管理模型指出多國籍企業在人力資源管理上是由三個構面所組成，包括了人力資源功能、員工類型與人員利用國家等三個構面，而且有三種人員的任用政策，分別是：人員派遣政策、地主國人員政策與第三國人員政策。（Human Resource Planning,1999）

（一）派遣人員政策：即由母公司派遣主管人員至海外公司擔任管理之工作。此種政策的目標是欲完成母公司與海外分公司的一致性政策及提高整體之綜效。

同時母公司外派海外分公司之主管人員也可學習多國籍企業之經營管理技能與經驗，成為企業最不可或缺的資源。

（二）地主國人員政策：以多國籍企業在當地遴選主管人員來擔任海外分公司之管理者。地主國人員政策重視當地人才之培育，優點為地主國人士了解地主國之法令規章，減少政治與營運上的風險，也無語言溝通上的困難，有利公司的管理。

　　缺點是易造成海外分公司與母公司在經營管理上的差異，時常會發生海外分公司獨立經營之現象，此外主管無獨立經營的能力。

（三）第三國人員任用政策：多國籍企業遴選主管之最佳人士政策為以合適的人來擔任企業主管，而不是以國籍來限定主管人員資格，因此容易招募許多優秀主管，利於企業之擴張與經營。

　　然而其缺點為人員訓練成本高、派遣成本高、薪資成本也高，通常任用外國主管也造成公司內部人員的排斥與不滿，或是第三國人員不適應當地的生活。

建立個人與生涯認同

在海外電視記者建置與成本考量上，對於是從本國派任或是當地國聘任常是媒體首要考慮因素。Cascio（1992）認為派任母國籍人員常用在國際化擴充初期，其優點為：

1. 易執行母公司之策略。
2. 可以培育母公司之經營人才。

3. 有利於保障公司內之重要產業機密。

缺點為：

1. 人事成本高。

2. 因升遷不易而降低當地員工向心力。

3. 母公司人員對當地國之隔閡，以致有些工作不易推行。

因此為了降低海外記者人事成本，提高生產條件，Miller（1995）在組織傳播中即強調泰勒的科學管理運用科學方法，以決定何者為完成工作的最佳方式。找出這個最佳方式之後，主管再用科學方法挑選出適任的員工，並透過論件計酬制予以報償。

Feldman（1992）認為海外員工可分為下列四種：

（一）本國中心政策（the ethnocentric approach）即多國籍企業之子公司中主要職位都由母公司指派母公司人員擔任，這在一個企業組織國際化早期階段中最常採用的作法，尤其在地主國本身缺乏適任的人員時，母公司為了維持與子公司良好的溝通管道時採取必要的措施。

（二）當地中心政策（the polycentric approach）即子公司多雇用當地國人員負責管理，母國人員留在母公司總部，不直接涉入管理。

（三）全球中心政策（the geocentric approach）即不以人員國即為是否雇用的考慮因素，僅以其是否有足夠的才能擔任為憑。

（四）區域中心政策（the regiocentric approach）即將全球分為若干區域，同一區域中雇用相鄰國家人士，例如將全球分為歐洲、美洲、亞洲等，歐洲員工可在該區自由調任。

公司有其考慮因素，個人同樣也有其生涯規劃。

Hall（1986）指出生涯發展是一生中連續不斷的過程，在這過程中個人發展出他對自己和生涯的認同，並增進他的計畫和生涯成熟度，這個終生行為過程及影響引導出個人工作價值、職業選擇、生涯型態、角色整合、自我和生涯認同、教育水準和有關現象。

Bennett（1993）指出組織對於外派人員所提供的生涯規劃與回任協助的一般作法：

1. **駐外前生涯規劃**（Per-departure career development planning）
   幫助派外人員清楚地了解海外工作經驗在於職涯上的影響性。另外，則協助派外人員一同規劃回任後的生涯。

2. **生涯規劃系統**（Career planning system）
   派外人員的海外工作經驗是公司很重要的資產，因此，此系統會依派外人員在海外工作所獲得的技能與經驗，不斷地幫助派外人員在組織中找到更適合的職位。

3. **回任諮商會議**（Re-entry counseling）
   請回任人員及其家屬對派駐海外時期與回任後的生活情景，所遭遇的困難作一簡報，公司便可依此而不斷地對派遣政策作修正。

4. **家庭回任計畫**（Family repatriation programs）
   幫助回任家庭處理一些有關回任適應的問題，例如協助返任員工配偶重回就業市場，協助返任員工子女重回學校等。

5. **派外發展激勵**（Development rewards）
   將海外工作經驗列入員工升遷與獎勵的重要依據。例如將海外工作經驗納入績效評估與獎勵系統中，成為重要

的考量因素。

Harvey（1982）曾針對組織自派外前至返回後如何在政策的規劃及制訂上提供實質的輔助，提出以下建議：

1. 派外工作之規劃階段：研訂海外職務之特定目標，包括企業之組織目標及個人前程規劃之目標；發展對海外環境的評估程序；修訂工作績效評估的方式。

2. 派外前之訓練階段：清楚描繪出海外派駐之職務目標，並與派外人員充分溝通；與派外人員共同討論並發展出對績效評估的共識；針對回國返任之問題作初步了解與探知；提供派外人員及其家屬派駐海外所需之訓練課。

3. 派外工作期間：建立與派外人員正式的溝通管道；提供派外人員有關國內重大變遷的訊息與資料；定期檢視派外人員的工作狀況；做好公正的績效評估並給予適當的贊同與金錢報償；評估國內工作機會並設法將其與派外人員之前程規劃相結合。

4. 回國返任階段：將目前組織內與國內環境之現勢採密集方式介紹與返任人員；再次釐清國內現職的工作內容及激勵制度。

CNN的海外建置與人員培訓

CNN創設於一九八〇年，在亞太地區有二十九個國家超過兩千六百萬個家庭收看。旗下有十五個有線或衛星電視網路。

在香港的製作中心是CNN第一個結合電視和網站編輯人員於同一個新聞部的中心，每星期製作超過三十一個小時的節目，包括在黃金時段現場直播的新聞及財經節目和專題報導。

CNN目前在全球主要國家及美國本土有三十四個分社，雇員

超過一千名，而有合作關係的電台更達九百家。

CNN是全球播出的二十四小時新聞台，傳輸成本極為龐大，除了衛星傳送外，曾經也嘗試以網路傳送以降低成本，但是實際執行上仍必須承擔技術未臻成熟上的風險，因此目前仍以衛星傳輸為主，網路傳輸為輔。

CNN在全球二十四小時租用衛星，提供全球二百個國家地區的十億觀眾收看，屬於固定成本，因此在傳輸上以衛星為主，其次則是快遞，目前在網路上傳輸影音檔案仍在研發改良階段。

當然，不少研究傳播新科技的人也知道網路傳輸是全球趨勢，但是CNN在確保新聞即時性、安全性等前提下，仍以衛星Live為首要考慮。

但在長期預算考量下，CNN也尋求降低衛星上下鏈的成本，所以CNN最近也向英國採購了Voice Phone衛星傳輸器，每具金額在八千英鎊左右，如能大幅採用，對於成本降低將有立即幫助。

此一輕便簡易設備目前已經先期部署在波斯灣，只要美伊戰爭一開打，CNN就能掌握第一時間傳送回亞特蘭大總部，並向全球廣播，整體的時間差將不會超過十秒鐘。因為所有建置海外採訪據點的設備器材基本上都要考慮三個要件，即「低成本、方便性、開放系統」（lower cost、ease of use、open system）。

CNN雖然沒有正式的人員培訓計畫，但組織內主管都有共識認為這並不會造成工作任務上的困擾，畢竟能夠到CNN工作的人員都已經具有一定程度的專業歷練，但是CNN也常會舉辦Workshop進行研習，例如針對戰地記者採訪時的人身安全進行二天講習，或是香港主播派赴亞特蘭大交流，認識總部的主播與來自全球的記者，以培養全球連線時的默契，二○○三年五月時即在印尼舉辦一場新聞研習，全球記者代表都到場進行心得交流。

多管齊下，培訓人才

CNN高階主管也指出，CNN會針對優秀同仁頒發高額獎金以為鼓勵，但是這樣的獎勵並不是要提撥一筆助學金送人出去讀書，因為CNN沒有責任也沒有義務栽培特定人員進修，當然，獲獎者也許可以拿這筆高額獎金出去讀書，但是絕對不會是以CNN的名義出去，因為這涉及到公平性問題，也牽涉到工作責任分擔問題。

當然，CNN也積極參與亞太地區的新聞發展，與本土電視台緊密合作製作節目，從而培訓本地新聞工作人員，在泰國和台灣推行年度實習計畫，並且提供大學新聞系所實習機會。

此外，資深的CNN編輯及製作人員也經常在各國為當地合作電視台的新聞人員舉行電視技巧工作坊研討。舉中國復旦大學為例，時代公司與華納兄弟公司、CNN及其他AOL時代華納公司，即共同參與由總公司贊助的復旦大學實習計畫，每年讓若干復旦大學學生到美國進行為期三個月的實習，這都是CNN為未來紮根中國影視市場所做的投資。

事實上，受到全球經濟不振影響，CNN也在持續裁員，記者也必須想清楚能為CNN提供多少貢獻，如果這位記者左手能拍攝，右手又能發網路新聞，這樣擁有多項技能的記者才是CNN最需要的人。

畢竟CNN屬於上市公司，無法像BBC以國家力量全力支持營運發展，因此海外記者配置不可能像BBC能夠在一百個採訪點，以四十八種語言聘雇一萬二千人的規模，一切仍必須要精打細算。

全球任何一個媒體都面臨同樣的問題，也就是採訪記者成本相當昂貴，而且是長期投資，當碰到突發新聞時花費更是驚人，

CNN全球記者部署與不同播出時區的採訪順序一直都受到相當的重視。

建立認知，立即溝通

CNN原則上在人員派遣上仍以英語系國家人才為主，部份則採取在地化做法遴聘當地人才，主管則必然是由亞特蘭大總公司進行人力調遣，雖然成本可能較高，但是由於工作認知上容易建立共識，對於新聞採訪任務上常能立即溝通達成任務。

為了克服這樣先天的難題，CNN在亞特蘭大總部設置有國際編輯檯（International Desk），負責全球新聞採訪規劃與指派，每天的採訪會議，編輯檯都會與全球分社主任連繫，整體考量以決定各地區新聞重點與資源投入情形。Chief News Producer會決定人員派遣與預算編列。

CNN總部工作人員主要劃分為「新聞集稿」與「新聞製作」（video newsgathering and production）兩大領域，因應即時新聞需求。

實務作業上，CNN採取大編輯檯與資源共享原則，提供電話連線、資料畫面及企劃編輯內容，由各個新聞頻道製作人根據各自的特色與屬性選擇新聞素材進行重製。

或是根據特殊需求，要求國際編輯檯指定各地分社採訪特定新聞內容。如此做法主要也在於能有效控制採訪預算，藉由海外記者持續供稿，增加新聞的多樣性與豐富性，國際編輯檯成為類似通訊社組織，供稿給每一位製作人，以滿足二十四小時新聞台播出大量新聞的需求。

CNN在全球部分區域都設有分處，有的是為了新聞目地，有的是為了業務需求，與CNN有合作關係的電視、電台即逾九百餘

家，對於降低預算，提高工作實績幫助很大。

以AOL時代華納為例，旗下的品牌具有極高的滲透力，每月接觸全球消費者逾二十五億次，更有逾一點三億個服務訂戶。

增強曝光，擴張影響力

以三年多前在上海舉行的財富全球論壇為例，CNN與時代公司在亞洲的刊物聯手製作多媒體節目「中國視野」，以多媒體的形式介紹中國的古往今來，結合AOL時代華納的印刷媒體、電視等資源，在CNN及CNN.com的特別節目及《Asiaweek》等雜誌同時推出。除了增強媒體曝光率，也擴張了影響力。

為了有效運用外部資源，CNN除了高度依靠Reuters、APTV、WTN等國際通訊社提供畫面外，也與各國電視台合作。

CNN常是採取記者聲音與畫面分開處理方式，也就是由記者進行電話連線，再將通訊社或是各家電視畫面insert進來成為完整新聞，既提供了現場新聞也節省了昂貴的衛星傳送費用。

此外，當採訪人力受限時，CNN首先會做電話連線，國際編輯檯就想辦法向全球合作電視台免費調用畫面，或是特約（By Case）方式，聘用兼職人員（Freelancer）。

以CNN到台灣採訪九二一大地震新聞流程為例，CNN會先請台灣當地合作的電視台記者電話連線，緊接著調用民視和台視畫面，同時從香港調派記者來台採訪不一樣的深度報導新聞，辦公室也是洽請台灣友台提供，這就是CNN節省支出創造盈餘的方法。這樣的考量在於互補海外據點不足的弱點。

至於訪談類型節目則是透過Guest Bookings的一個小組執行，這個小組所擁有的全球不同新聞議題受訪對象的資料庫名單內容建置力求周全，名單也隨著採訪路線的增加而逐步增加。

由於CNN內部分工細密，也由於新聞保密原因，所以真正能全盤知道名單與聯絡方式的人，大概也只有負責Guest Bookings、Program Development、Talk Shows 的Executive Vice President能夠知道全貌了。

以三年前柯索沃戰爭為例，CNN投入鉅額成本為的就是要打贏這場採訪戰，當然這也是由國際編輯檯和Chief News Producer所決定與判斷負責，所以半年就用掉了全年度的採訪預算，這時就必須考慮追加預算或是從其他地方挪移經費。

目前台灣各家電視台在訊號傳輸上仍以衛星與寄送帶子為主，如今新興發展的傳輸方式是採取網路壓縮傳輸，即在Internet上採取封包方式傳輸MPEG2檔案，目前國內已有部份媒體實驗性採用；國外媒體則是CNN與Reuters也有部份內容採取此一方式傳輸，目的都是為了節省成本。

一九八○年代初期，亞洲有線電視市場在各國政府逐漸解禁下發展，對國際新聞的解禁也促成了CNN進入亞洲市場。

▌節省成本，由小看大

目前CNN的亞洲業務劃歸在CNN International Asia Pacific業務範圍下，除印度有特殊頻道規劃外，CNN向全亞洲播送單一的頻道訊號，是以香港作為亞洲新聞的編採製作中心。

今天CNN 在亞太地區直接聘僱的全職員工達二千多人，CNN佈點的主要考量就是當地有沒有新聞？區域重要性又是如何？

另外考量的就是新聞多寡、設立的難易度以及前瞻性。

以印尼雅加達為例，CNN原本派有駐在記者，後來在新聞量和成本考量下即予以撤點，之後印尼連續發生重大抗議與社會動

亂事件引起全球關注，CNN隨即在雅加達重新駐點。

另外就是成本考量，CNN是有名的節省，以台灣各家電視台派駐北京記者都有專屬採訪車為例，CNN主管就強調，CNN就不會這樣做，因為設置的一組Crew會叫出租車，但不會有專屬採訪車，辦公室也很簡便，因為該花的不能吝惜，該省的也不能浪費。

CNN透過數位化與區域化的方式，以因應各國新聞內容和廣告客戶的不同需求，作法上包括：

1. 透過數位壓縮的技術，使頻道內容得以分頻傳送，並可增加頻道以及建立相關資料庫。

2. 依據全球時區的不同，在各地的黃金時段播送更多當地的新聞。

3. 設立地區性的新聞製作中心，由總部充分授權負責地區性的新聞編採及節目事務，並由全球各地的製作中心（香港、倫敦、柏林、亞特蘭大）自製節目，節目內容分別依據亞洲、歐洲、美洲的地區特色，製作專題、深度報導等新聞性節目，安排在重點時段播出。

4. 以「關心區域、放眼國際」的態度處理國際新聞，重視區域性新聞對國際的影響，也將國際新聞對區域性的差異影響加以分析。

CNN在一九九九年中旬展開第二階段地區化計劃，歐洲及亞洲增設七十個新職位，以配合分別在香港、倫敦、柏林及亞特蘭大地區製作中心製作每星期超過二十小時的新節目。

傳播網路，四通八達

在人事制度方面，CNN沒有正式的輪調制度，調職有三種可

能，一是個人申請調差；二是特定國家的政治環境需求；三是職務升遷，也許是榮任某一分社主任，當然就有可能異動。

在亞洲區域化的努力上，CNN在香港地區製作總部分別增加一倍員工人數及亞洲製作的節目每星期超過二十小時的新節目。

CNN News Group轄下有十五個有線及衛星網路，其中三個是地區性的專用網路，二個電台網路，以及十四個網站，其中包括首個以新聞及資訊為主的網站CNN.com，還有向手機提供新聞資訊的CNN Mobile，這些包括：

CNN News
- CNN.International
- CNN International South Asia
- CNN International Latin America
- CNN International North America
- CNN International Europe/Middle East/Africa
- CNN International Asia Pacific

CNN/U.S CNN Headline News

CNNfn

CNN+

CNN Turk

CNN Deutschland

CNN en Espanol

CNNen Espanol-Mexico n-tv

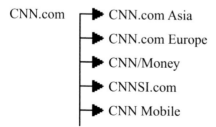

CNN.com
- CNN.com Asia
- CNN.com Europe
- CNN/Money
- CNNSI.com
- CNN Mobile

```
                    ┌──► CNN Arabic.com
                    ├──► CNN.com.br
                    ├──► CNN.de
                    ├──► CNNenEspanol.com
                    ├──► CNN Italia
                    └──► CNN.co.ip
```

CNNstudentnews.com

CNN Airport Network

CNNRadio

CNNRadioNoticias

CNN Newsource

路透社海外建置與人員培訓

　　路透社標榜是全年無休、零時差的即時新聞通訊社（minute by minute, instant updates, 24 hours a day），從一八五一年開始至今已超過一百五十年，設備與傳輸成本一直是路透社最主要的成本負擔。

　　二〇〇一年十月開始路透社就提出了五年成長計畫，也就是如何在成本節約原則下推出好的新聞與財經金融資訊內容，以及在市場分眾與顧客導向考量下有效創造盈利。

　　當然，強化內容就會涉及到成本支出，目前，路透社已有部份影音內容是透過網路傳送，以香港分社為例，每天的新聞畫面素材（Footage）仍是以衛星傳輸，但是十二支過音完成（Voice Over）的OK帶則是透過網路到達協力廠商Digital Island處理，再進入路透社香港分社傳送給亞洲訂戶。

　　路透社一直強調在全球各地都擁有採訪記者，能夠穩定提

供全球新聞，本身更有著很強的科技研發部門，隨時創新採訪設備，提供全球新聞客戶最新的影音串流介面，很容易就可以從資料庫裡找到所要的新聞畫面。

但受到全球景氣衰退、策略失當等影響因素，路透社營運下滑，被迫持續進行全球大裁員，曾經自豪為全球領導品牌的通訊社也面臨困局。

這也使得以全球佈建自豪的路透社專業採訪團隊頓時失色，即便有再強的科技實力與服務似乎仍然難挽聲勢，這是此次參訪過程中，路透社數據當中所透露出的憂慮。

做為一名新聞同業，可以感受到路透社總是為人力養成預做準備，以隨時切入不同的目標市場，因為路透社所強調的是全球豐富的製播經驗。

正因如此，路透社也是一個相當龐大，而且每分每秒都有來自世界上每一個角落的不同新聞挑戰的國際通訊社。

在公司營運正常時，人員輪調屬於常態，不少人常能感覺到自己的專業成長以及對不同領域新聞上的進一步期待，這也是何以不少路透社人員對記者工作從不會感到厭煩的原因。

不少人都說路透社就像是一所世界大學，學習內容多彩多姿，感覺上很充實，除非公司進行人力裁撤，否則不會有人甘於自行離開。

建立全面輪調制度

在路透社工作，常能從新聞工作上獲得很大的滿足感，這已經不只是專業上的成就感而已，也是因為透過這樣的通訊社，得以比一般人更有機會看到世界上不同的面向。

不少路透人都認為，也因為在不同國家或地區的輪調，才有

更充實的學習機會。以媒體部門而言，除了對外必須瞭解不同媒體訂戶的需求，並提供必要服務外，也要對路透社所有的產品深入認識，才能做好客戶管理。

多元化的學習、結交新的朋友、有趣的工作環境，最重要的原因還是在於路透社擁有全球佈局優勢，這也是何以路透社每年總是能吸引到很多優秀的知識工作者投入的原因。

路透社鼓勵優秀員工都能申請輪調以建立完整國際觀。因此，員工進行全球輪調的原則一是自行申請，一是Up to Down的由上而下指派。不少人都希望能到不同國家歷練，畢竟路透社在全球九十七個國家都設有分支機構，這是一個很難得能夠提供自我成長環境的國際媒體。

但是全球景氣下滑，所有職務調動最近都遭到凍結（Freeze），就是想調動也很難。以香港Bureau為例，這裡有二百人左右，新聞部門約有三十人，另外有一百人負責內容研發，剩下的就是Marketing & sales部門人員，Product部份，如果是亞洲區內容則由新加坡分社處理，如果是全球新聞就由倫敦總公司處理。

路透社標榜全球採訪點沒有一個人是約聘，全部都是編制內，路透社主管自豪的表示，這樣所代表的正是品質與專業，但相對的就是高成本支出，當面臨全球景氣不佳時，不只輪調暫緩，恐怕裁員動作都有可能將持續進行。

路透社是一個以財經新聞為主的動態組織（dynamic organization），也是跨國性的媒體集團，這裡擁有豐富的成長空間，路透社可以提供全方位的職務轉換與學習機會，這是其他地方所無法獲得的。從工作中讓人獲得了很大的自我滿足，在路透社只要肯努力就可以預見成長機會。

路透社的工作哲學就是讓每一個人得到多方面的知識，當

然你更可以從中獲取不少的國際經驗，這是其他媒體所無法提供的。

▌客製化工作內容

不少受訪者也表示，路透社這樣的媒體集團提供各個不同領域的知識，任何人都可以自己決定每天的工作內容與流程，有時候記者就在家裡發稿，撰寫深度財經報導，在這裡你更擁有不同國籍的同事與互動的環境，這是在很多地方都無法獲得的成長空間。

很多時候自己也可以根據個人的專業知識，客製化自己的工作內容，以滿足自我要求與專業上的成長。

路透社是一個很棒的新聞工作環境，剛到這家公司時，可能只會工作一段時間就會另覓他途，重新尋找其他有趣的工作機會，但不少有才能的人可能會很驚訝的是每一年都會選擇留下來，主要的原因就是路透社豐富的企業文化與令人興奮的環境一直吸引著優秀人才，這也是路透社令人著迷的原因。

路透社站在所有媒體的中間地位，不論是在網際網路、媒體科技或是新聞內容，所突顯的都是路透社是一個全球性機構，這家公司橫跨所有的領域。在這裡常有機會進行職務輪調，得到各種挑戰的機會，當然也必須承擔起各項責任，但是不少路透人很迷戀這樣的任務安排與調動機會。

有些人進入路透社剛開始的時候，只是短淺的關心薪資和一個好的工作環境，但是路透社可以提供的遠超過所有人的想像，在工作生涯中應該是有超越金錢概念這樣的想法才是。

首先，應該思考的是一個更寬廣的文化經驗，這裡所指的是一個具有國際觀的新聞經驗，更重要的是，路透社所代表的是一

個左右全球財經資訊的媒體集團，它也是一個向上成長和不斷動態自我調整的公司，這也是何以在這裡工作更能感受到高度的挑戰性以及有趣的原因，當你有機會進到這樣的環境工作時，除了可以獲得充分的培訓機會以外，更可以提供自己未來一個發展的機會。

所以，不管你是跑什麼路線新聞的記者，你將可以保證得到專業上充分的訓練，成果將遠遠超過你的想像。

對於這樣一家在全球九十七個國家的擁有人力配置的通訊社而言，機會是無所不在的，這也是何以不少人在路透社工作已這麼久卻從未感覺厭煩的原因，因為永遠都會有一個新的挑戰在等著你。

路透社除了提供即時電視新聞以外，路透社全球各地分社也能就近提供攝影棚與衛星上鏈服務。

不少在此工作的人以能夠在路透社任職而感到很自豪，因為這裡有最優秀的團隊，以及最優秀並具有宏觀眼光的高階領導者，建構出一個形同世界的小縮影。對個人工作上的期許就是達成工作要求，維持路透社持續成長，因為，這家公司平均每四年進行一次組織再造與重生，讓人常常覺得自己隨時都在一家新公司，有著學習與成長的機會。

▌台灣缺乏全球布局能力

國內各家電視台大多採用CNN、Reuters、AP等國際媒體的新聞素材，平均每月支付六千美元左右，一年約為七萬到八萬美元上下，折合台幣為二百四十五萬元。

由於國內新聞產業蓬勃發展，台灣因此成為國際媒體的重要市場，但也因為不需辛苦佈建全球採訪人力、資訊取得容易等條

件下，台灣電視發展四十年來並沒有隨著經濟力的成長而建構起全球資訊佈局。

不同於台灣媒體環境，CNN與Reuters一個是新興全球電視媒體，一個是擁有悠久歷史的通訊社，不論是組織文化與經營模式都有極大差異，但共同點是上層管理者都具有強烈企圖心。

結合外部資源，不斷進行採訪新科技研發，並持續海外人員佈建投資，成本與效益是必然考慮因素，但放眼全球的長遠眼光卻是台灣媒體所難以企及之處。

由於海外電視新聞採訪人員與設備建置成本高昂，當面對景氣不振，廣告下滑、收視率低迷情況下，台灣各家電視台紛紛裁撤海外駐點，專注國內新聞競爭，以節省預算降低成本。

逐步撤守的結果是西方新聞觀點充斥，除了主動蒐尋解析國際動態的少數閱聽人以外，大多數人都只能被動接收訊息，台灣儼然成為西方電視新聞媒體的殖民地卻不自知。

面對此一困局，台灣電視主事者似應進一步省思如何集中有限資源，以集體力量佈建海外採訪網絡，提出具有台灣觀點的國際新聞內涵。

三、電視新聞引導全民辦案——
涂醒哲事件一百二十小時

政治人物不查，記者失職，演出了一場媒體荒謬劇

〈Media Watch媒體觀察—Media Ethic〉

（編按）「舔耳風波」不但嚴重傷害當事人隱私，也模糊事件焦點，使得媒體報導得越多，真相就越模糊。

電視新聞八卦風，遭到閱聽人質疑之際，再次陷入追逐「舔耳風波」醜聞的歇斯底里之中。荒誕不經、匪夷所思的烏龍情節，賠上的是媒體的公信力。

在此之前，電視新聞所取得的證據，除了李慶安與鄭可榮一方說詞之外，只有語焉不詳的丁瑞豐，至於其他人士的說詞，則是媒體競逐獨家大肆爆料，每天都有震撼性卻無從查證的內容出現，電視新聞淺薄化的結果，無法也無能的抽絲剝繭拼湊事實，使得明知有人說謊，卻看不出來究竟是誰？

我們試著從十月一日事發當天，到十月五日案情大逆轉的一百二十小時裡，觀察台視、中視、華視、民視、TVBS、東森、三立、中天等八家電子媒體晚間七點至八點新聞當中，處理此一事件的呈現方式，並試提參考建議。

▌10月1日，事發首日

台視：以一分十秒左右一則新聞篇幅報導此事，新聞排序擺在頭條，中性標題處理。

● 男閣員被爆雙性戀　立委質詢要求徹查處理

中視：以一分十秒左右一則新聞篇幅報導此事，新聞排序擺在頭條，中性標題處理。

● 首長被爆雙性戀　KTV騷擾男性

華視：以一分二十七秒左右一則新聞篇幅報導此事，新聞排序擺在頭條，中性標題處理。

● 首長雙性戀？WHO

民視：以一分十一秒左右一則新聞篇幅報導此事，新聞排序擺在三條，中性標題處理。

● 雙性戀首長強吻男性？游：無從查起

TVBS：以一分五十五秒左右二則新聞篇幅報導此事，新聞排序擺在頭條起，採取中性標題處理，主播稿指此首長每次要升官都會傳出，而且屢試不爽，過音稿採事實陳述，另採動畫模擬還原當天現場。

● 首長自曝雙性戀　KTV強吻帥哥？／男首長騷擾帥哥？低調不願談

東森：以一分四十六秒左右一則新聞篇幅報導此事，新聞排序擺在頭條，採取中性標題處理。

● 政壇驚爆男首長雙性戀　強吻帥哥／幕僚人員：不可思議，不可能吧！

中天：以四分三十秒左右二則新聞篇幅報導此事，新聞排序擺在第三條起，採取中性標題處理，主播與過音稿也採事實陳述，採動畫模擬還原當天現場。

● 首長爆雙性戀　KTV強吻舔耳／店員不認識官員

強吻沒印象／游揆：首長雙性戀事件無從查起／首長爆雙性戀　立委質疑「不衛生」

三立：以三分三十秒左右二則新聞篇幅報導此事，新聞排序擺在頭條起，採取中性標題處理，主播與過音稿也採事實陳述，採動畫模擬還原當天現場。

- 某首長雙性戀？KTV強吻帥哥？／學生不相信首長多次遭人抹黑／首長性騷擾？立委：此人不太「衛生」／立委要求徹查　游揆要當事人出面

10月2日，事發次日

台視：以五分左右三則新聞篇幅報導此事，新聞排序擺在頭條，中性標題處理。

- 涂醒哲：若提出證據　立刻辭職／涂醒哲：願與檢舉人對質／李慶安公開具名檢舉信／李慶安：不排除讓檢舉人出面／指證KTV現場　燈光昏暗

中視：以三分左右二則新聞篇幅報導此事，新聞排序擺在頭條，中性標題處理。

- 鄭姓男子指控　涂醒哲性騷擾／性騷擾案陳情書李慶安已交游揆

華視：以五分左右三則新聞篇幅報導此事，新聞排序擺在頭條，中性標題處理。

- 若有性騷擾　願意辭職／被騷擾者　指證歷歷／重回KTV追真相／友人幫腔　為涂澄清

民視：以三分左右二則新聞篇幅報導此事，新聞排序擺在頭條，中性標題處理，獨家專訪涂醒哲太太。

● 否認雙性戀　涂醒哲願對質／雙性戀？枕邊人：不可能

TVBS：以五分三十秒左右三則新聞篇幅報導此事，新聞排序擺在頭條起，採取中性標題處理。主播稿獨家爆料指涂夫妻分房一年，強調整件事太離奇、是一場風暴，新聞中受訪者採拉背變聲方式處理，過音稿也採事實陳述；此外，主播稿提疑點：陰謀論？幕後黑手阻升官？被害人指被施壓封口？

● （獨家）研究助理：涂醒哲太忙　與妻子分房／李慶安出示親筆信函　證實具名檢舉

東森：以十分三十秒左右六則新聞篇幅報導此事，新聞排序擺在頭條，部分標題處理隱含有針對性。

● 涂醒哲首度出面說明／李慶安：游揆說謊／涂醒哲出面：我不是雙性戀，沒去KTV／涂醒哲首次出面　媒體激烈採訪戰／涂重申：任何人提的出證據就辭職／涂醒哲性騷擾疑雲　李慶安指證歷歷／像同性戀聚會？李慶安：當事人有此感覺／涂要求發生關係　李慶安公佈陳情書／老同事吃驚：他人很好不可能／老同事：涂個性豪放，人來瘋致誤會／涂太太：他當天在醫院陪母親，未去KTV／龐：沒人騷擾我　羅：以後要小心／涂評價好壞各半　做事積極vs逢迎拍馬／立委建議涂醒哲　應誠實面對／陳情書昨天已交給他　李：游揆說謊／游揆沒收到？李：劉世芳曾和我聯繫

中天：以九分左右四則新聞篇幅報導此事，新聞排序擺在頭條起，採取中性標題處理，主播與過音稿也採事實陳述。

- 塗醒哲性騷擾？立委公佈陳情信／李慶安爆料　當日聚會屬特殊派對／塗李兩人各說各話　重新還原事件／塗認為背後有黑手／塗醒哲否認雙性戀及性騷擾指控／性騷擾？李慶安行政院說法不一／李慶安：游揆看過怎可算匿名／政院：檢舉人沒有名字無從查起／首長雙性戀八卦　連戰不談八卦／國民黨：不理性醜聞鴕鳥心態

三立：以十一分左右五則新聞篇幅報導此事，新聞排序擺在頭條起，採取單方說詞標題處理，主播稿將舔耳疑雲，指為特殊性癖好狂歡派對；此外，主播稿篤定指出當天參加人員，大部分都是塗醒哲的朋友。記者過音稿也引述衛生署員工說詞，指塗對女記者來回撫摸，令人傻眼。

- 塗醒哲：我非雙性戀也非同性戀／對方出面指控？願意出面對質／8.6去了那裡　塗：絕對不在KTV／如有具體證據　願辭職下台／立委接檢舉信　指塗參加狂歡派對／塗熱舞強舔　要求發生關係／人證動搖　李慶安將邀監委調查／塗醒哲強舔男子？還原現場／塗醒哲特殊癖好？業者：不清楚／塗醒哲行事再爆爭議　署內氣壓低／涉性騷擾？公衛所同事直稱不可能／推動愛滋防治　塗醒哲多次槓同志／仕途最大挑戰　看塗醒哲如何化解

10月3日，事發第三日

台視：以十七分三十秒左右七則新聞篇幅報導此事，新聞排序擺在頭條，中性標題處理。

- 對質　鄭可榮：確遭騷擾強吻／對質　涂醒哲：根本沒去KTV／對質無交集　兩造同意測謊／鄭可榮出面　指控涂醒哲性騷擾／鄭：我要的只是一句道歉／檢舉人露臉　涂醒哲對質控告／涂醒哲：沒見過鄭可榮這個人／對質又控告　涂醒哲強力反擊／兩個男人對質　太太夫人無奈／涂妻鄭玉娟：可接受嚴格考驗／鄭妻：百分百相信鄭可榮／兩造無交集　相關證據待釐清／性騷擾疑案　游揆指示徹查／兩造大動作　台北媒體追追

中視：以五分左右三則新聞篇幅報導此事，新聞排序擺在二條，中性標題處理。

- 性騷擾疑案　涂醒哲告李慶安／涂鄭各開記者會請出太座表清白／首長性騷擾疑雲　法務部出面調查

華視：以十分左右六則新聞篇幅報導此事，新聞排序擺在頭條，中性標題處理。

- 鄭涂現場對質　各說各話／檢舉人出面　還原現場／關鍵人出面說明／涂醒哲按鈴控告鄭可榮、李慶安／涂妻挺老公相信清白／涂妻批社會黑白不分／署長性騷擾　爆案外案

民視：以五分左右三則新聞篇幅報導此事，新聞排序擺在頭條，中性標題處理。

● 涂鄭對質各執一詞／行政院指示法務部　立即展開
調查／北檢正式分案　最快明日展開約談／涂醒哲
按鈴控告鄭可榮李慶安／涂鄭風波　媒體大打追逐戰

TVBS：以十七分三十秒左右八則新聞篇幅報導此事，新聞
分成二段落排序，擺在頭條及十七條起，採取中性標題處理。主
播稿指出立委楊富美爆料，涂與女職員在辦公室嘿咻，採動畫呈
現方式，強調此時迸出此事倒是滿巧合的，過音稿採事實陳述。

● 涂醒哲性騷擾疑雲　兩造KTV對質／性騷擾男主角
出面　從頭說清楚／涂醒哲：請司法單位盡快安排
測謊／楊富美再爆料　涂醒哲辦公室嘿咻／歐巴桑
暫不出面指控乏人證物證／關鍵證人丁先　避談涂
是否到場／丁姓公關是皮條客嗎？／性騷擾？鄭男
稍早重回現場模擬／性騷擾？檢察官稍早重回現場
／涂醒哲、鄭可榮KTV對質　場面混亂／關鍵丁先
生　皮條客？認識涂醒哲？

東森：以二十分三十秒左右九則新聞篇幅報導此事，新聞
分成二段落排序，排序擺在頭條及二十二條起。主播與過音稿指
出，涂醒哲好友爆料，當天確有KTV聚會，但卻未明確指出好友
是誰。

● 涂醒哲反守為攻與鄭可榮KTV對質／性騷擾疑案
太太們的相挺／鄭：個人做事個人擔　涂：不可說
謊／當事雙方現場排排坐氣氛尷尬／涂一口咬定不
認識鄭可榮　鄭顯激動／李慶安求測謊　涂追到記
者會對質撲空／鄭可榮首度現身說明遭舌吻過程／
鄭：不想扯入政治　只要私下道歉／涂醒哲赴地檢

　　署　　告鄭李兩人誹謗／涂醒哲好友爆料　當天確有
KTV聚會／毛手毛腳？丁：純屬朋友肢體動作／立
委：涂與女職員炒飯　歐巴桑撞見／清潔婦否認：
涂代署長不可能做那事／綠軍：若查無實據，指控
者應辭立委／疑遭騷擾男子鄭可榮　重回KTV說
明／鄭可榮：涂多次言詞身體騷擾／代署長心急要
對質媒體包圍出不去／媒體趕場追著跑　擠爆事發
KTV現場／事件越演越烈　媒體捕捉鏡頭出奇招

　　中天：以八分三十秒左右四則新聞篇幅報導此事，新聞排序
擺在第三條起，但在丁瑞豐新聞處理上，標題、主播稿、過音稿
則已解讀臆測涂醒哲當時在場。

　　●涂、鄭立院對質未遇　KTV內各表述／首次對質未
遇　媒體與涂醒哲追逐／性騷擾當事人現身各說各
話／涂醒哲去KTV還是醫院？目前無解／丁先生：
大家關心　暗指涂也在場／政務官涉性騷擾？法務
部徹查

　　三立：以十三分三十秒左右六則新聞篇幅報導此事，新聞
排序擺在頭條起，採取中性標題處理，主播與過音稿也採事實陳
述，但新聞報導Nature Sound不可聽見記者高聲提醒涂、鄭與李
目前所在位置。

　　●涂醒哲涉性騷擾？鄭涂當面對質／咬定涂醒哲
鄭：各人造業各人擔／涂強硬要求證據　當事人無
法提出／涂醒哲不請自來　要求和鄭對質／涂鄭重
回KTV現場對質現場混亂／涂要對質　鄭不理會
毫無交集／鄭可榮出面詳述　遭舔耳朵過程／鄭太

太：相信老公沒說謊／誰說謊？李慶安建議雙方接受測謊／涂赴鄭記者會　反被媒體包圍／涂醒哲按鈴控告李慶安、鄭可榮／涂攜夫人澄清無涉及性騷擾／涂鄭各說各話　性騷擾案疑點重重／涂：8月6日我在醫院　李：院方否認／鄭：大家稱涂為涂桑　涂：沒這回事／涂醒哲舔耳朵？游揆震怒要求撤查／性騷擾疑雲　北檢政風司介入調查

10月4日，事發第四日

台視：以十四分三十秒左右七則新聞篇幅報導此事，新聞排序擺在頭條，中性標題處理，獨家專訪目擊證人徐姓醫師，明確表示涂醒哲當天在場。

- 涂醒哲父母出面　生命擔保清白／涂父：八月六日確與涂在一起／涂醒哲向李慶安求償五千萬／李慶安公佈「鄭、丁」錄音帶／鄭可榮：錄音為呈現事實真相／檢方已掌握七名當天在場人士、獨家專訪目擊人徐姓醫師／未署名傳真　丁瑞豐：不認識涂／傳真內容　與錄真帶南轅北轍／衛生署有位屠主任　認識丁瑞豐／游揆：證實去KTV　涂就調職／游揆：感受刻意打壓內閣形象／疑雲滿天　鄭家餐廳成焦點

中視：以九分左右六則新聞扁幅報導此事，新聞排序擺在頭條，中性標題處理。

- 丁瑞豐聲明　不認識涂醒哲／鄭丁一週前通話表明認識涂醒哲／涂家兩老出面　保證兒子清白／

涂醒哲聲明　求償五千萬元／父母出面背書　鄭可榮：沒必要／鄭可榮被傳喚　覺得很恐怖／檢方勘察KTV　連夜約談付帳人／李慶安訪監院　請求監院調查／立院總質詢　游揆：涂案有陰謀／性騷擾疑案　真相難查明

　　華視：以十八分左右十則新聞篇幅報導此事，新聞排序擺在頭條，中性標題處理。主播稿強調「涂、屠莫非認錯人」，以及「全台大找無『徐醫師』」，已經點出問題癥結點。

- 電話錄音　丁涂鄭在場？／涂、屠莫非認錯人／丁：不認識涂醒哲／全台大找嘸「徐醫師」／檢調約談　積極追查／KTV服務生不識涂／涂探母病醫院不知／不會黑白來　父母掛保證／鄭妻：百分百挺老公／游揆：涂說謊下台／舔耳疑雲認錯人嗎

　　民視：以九分左右五則新聞篇幅報導此事，新聞排序擺在頭條，中性標題處理，主播稿質疑到底是口誤，或是有案外案。

- 鄭可對話錄音帶公佈／涂醒哲偕同父母澄清行蹤／警調單位約談鄭可榮／性騷擾！波及衛生署屠主任

　　TVBS：以十六分左右十則新聞篇幅報導此事，新聞分為三段落，排序擺在頭條、第九條、第十七條起，採取中性標題處理。主播稿強調，某媒體獨家報導的徐姓醫師這個證人當時根本不在現場；記者過音稿，台大醫院也否認有徐群英醫師這個人。主播稿另並提出陰謀論，指涂與李皆是被設計。新聞中更獨家訪問陳姓證人，強調涂醒哲當天並沒到場。

- 重回錢櫃！涂有來？服務生：不記得／性騷擾疑案

檢至立院主動約談鄭可榮／警察前往鄭家小店面查
訪　立委不滿／誰真誰假？證人說詞　測謊還真相
／涂醒哲性騷擾疑雲　十名目擊者陸續曝光／涂醒
哲性騷擾疑雲　證人錄音帶曝光／涂醒哲性騷擾疑
雲　雙方說法無交集／性騷擾全矚目　701包廂大熱
門／性騷擾案大搜查　檢方約談陳姓證人／相關證
據　李慶安同時交檢調及監院／總統府爆陰謀論？
游揆：有人打壓／總預算質詢　性騷擾案成熱門議
題／當天我在場　陳姓證人：涂醒哲沒到／一切有
陰謀　陳姓證人：涂遭人陷害／涂醒哲再開記者會
老父母當證人

　　東森：以二十分左右十四則新聞篇幅報導此事，新聞分成
三段落，排序擺在頭條及第十六條、第二十六條起。主播與過音
稿指出，涂醒哲不滿台視獨家新聞用背影冷箭傷人；另並提出疑
點：兩人都沒說謊？可能有人認錯人。

　　●涂醒哲父母相挺　李慶安公佈錄音帶／那一夜誰在
　　場？關係人改口／李接陳情後　建議鄭錄下和丁對
　　話／李：批游揆抹黑　若立刻調查不會爆發／鄭可
　　榮：小市民加油！講實話最重要／丁瑞豐不出面？
　　鄭可榮：可諒解／KTV人證　檢方下午約談徐姓醫
　　師／KTV狂歡　台大教授在場？院方否認／成大醫
　　學院均否認　真實性存疑／自稱丁瑞豐　聲明不認
　　識涂醒哲／聲明稿無署名難證明丁瑞豐所寫／沒上班
　　不接電話　丁瑞豐避不見面／涂母以性命擔保　兒子
　　絕無性騷擾／涂醒哲：指證我勿用背影冷箭傷人／

涂：若證實不是我　李慶安應辭立委／衛署「屠」主任遭點名　否認有癖好／姓同音惹非議　屠大嘆無妄之災／點心屋不見鄭可榮　妻子獨撐／小吃店媒體曝光　客人慕名而來／附近鄰居：鄭可榮夫婦感情好／兩人都沒說謊？　可能有人認錯人／誰在說謊　父母相挺vs錄音佐證／鄭提丁瑞豐訪問　但缺其他關係人

中天：以十五分左右八則新聞篇幅報導此事，新聞排序擺在第五條起，分為二大段落播出，採取中性標題處理。主播與過音稿也採事實陳述，但其中已提及「屠主任才是當天男主角？更認識丁瑞豐」，可惜未再追蹤，以釐清真相。

●性騷擾疑雲　涂醒哲再開記者會／澄清疑雲　涂盼李慶安以立委擔保／涂醒哲對共同被告求償五千萬／此涂非彼屠　屠主任聲明無關／屠主任：不會唱歌　不認識鄭可榮／屠主任才是當天男主角？更認識丁瑞豐　但屠頻否認／游揆：涂若去過KTV　立刻調整職務／游揆提陰謀論　有人圖謀鬆動內閣團隊／李慶安「要找代罪羔羊，才會找屠主任」／涂醒哲律師：錄音帶內容有明顯瑕疵

三立：以十三分左右七則新聞篇幅報報導此事，新聞分為二段，排序擺在頭條與第二十條起。其中，標題處理明確指出丁瑞豐認識涂醒哲、涂醒哲當天確在場；此外，緊跟台視新聞獨家訪問，主播稿強調徐姓醫師到案，證詞可能不利涂醒哲，過音稿則採事實陳述，但未見到屠豪麟新聞。

●鄭丁對話顯示　丁瑞豐認識涂醒哲／鄭丁兩人對話

涂醒哲當天確在場／李慶安出示錄音帶　痛批涂醒哲／鄭太太：盼司法還先生公道正義／鄭：做夢也沒想到事情演變至此／涂父母出面　鄭可榮不以為然／鄰居：鄭做事辛勤　很認真／母親以性命擔保涂醒哲很規矩／求償五千萬　涂：不認識徐醫師／疑似當天付帳男子　地檢署曝光／檢察官赴立院見李鄭／檢方調閱涂通聯　確認發話地點／警方找鄭態度差　警方否認／聲明對質提公訴　涂醒哲反守為攻／主動積極　涂氏作風讓人印象深刻／涂案重要關係人　徐姓醫師到北檢／涂醒哲性騷擾疑雲灌爆網站／網友：涂連累父母　拿大官壓百姓／網友質疑鄭之性向　設計涂醒哲

▌10月5日，事發第五日

台視：以二十一分三十秒左右十一則新聞篇幅報導此事，新聞排序擺在頭條，中性標題處理，針對獨家專訪目擊證人徐姓醫師，明確表示涂醒哲當天在場，台視新聞部道歉。

● 屠豪麟出面　向長官社會道歉／屠坦承去KTV沒有不雅動作／行政院處分　屠降調非主管／認錯人！鄭、李落淚　鞠躬道歉／李慶安坦承：查證確有疏失／鄭：對質當天發現涂桑變年輕／涂醒哲很欣慰　交由司法調查／李慶安致歉　涂醒哲未會見／比對兩人長相　確有神似之處／游揆電話慰問涂醒哲／朝野立委：李躁進　查證不全　認錯道歉李慶安面臨信用危機／面對民眾指責　鄭家人道歉接受／檢方40小時偵辦　水落石出／游揆晚間宴請

閣員　涂醒哲出席／台視新聞部道歉聲明

中視：以十三分左右八則新聞篇幅報導此事，新聞排序擺在頭條，中性標題處理。

- 政院緊急下命令　屠豪麟被調職／KTV騷擾疑案　屠豪麟否認騷擾／李慶安與鄭可榮　認錯人公開道歉／證明自己清白　涂醒哲拒絕接受／鄭可榮包子店　風波後生意好／涂醒哲下高雄　視察登革熱防疫／性騷擾烏龍案　李慶安受重挫／涂醒哲求償法界分析

華視：以二十分左右九則新聞篇幅報導此事，新聞排序擺在頭條，中性標題處理，主播稿點名台視新聞誤導方向，令李慶安也誤判情勢。

- 屠桑否認聚會不規矩／李鄭認錯　公開道歉／李鄭道歉　涂醒哲拒見／涂求償五千萬不撤銷／檢調約談關鍵證人／徐醫師說法誤導視聽／鄭妻：屠桑應受懲罰／鄭李誹謗賠償難免／案情大逆轉早見端倪／呂斥誣告為己抱屈

民視：以九分左右五則新聞篇幅報導此事，新聞排序擺在頭條，中性標題處理。

- 性騷擾烏龍案　李鄭兩人登門道歉　涂醒哲拒見／真相大白　涂醒哲：不會撤銷告訴／造成長官困擾　屠豪麟鞠躬／屠豪麟：沒有強吻鄭可榮／李慶安偕鄭可榮　向檢方說明案情／真相大白！但民事刑事責任難免／真相水落石出　涂家二老感欣慰／飽受

流言困擾　涂母：很氣李慶安

TVBS：以十七分左右八則新聞篇幅報導此事，新聞分為二段落，排序擺在頭條、第二十條起，採取中性標題處理，主播稿強調涂醒哲要控告出現在媒體上的徐姓醫師。

● 政治角力釀成　涂＝屠性騷擾案？／李慶安：丁瑞豐談話模糊誤導事實／鄭可榮李慶安　向涂致歉碰釘子／五千萬民事金額還可能向上提升／涂醒哲：原諒鄭可榮　但不撤銷告訴／烏龍認錯人　此屠非彼涂／李慶安致歉　黨團成員曾提醒小心查證／造成長官困擾　屠豪麟向長官道歉／屠豪麟三點聲明強調絕無踰矩行為／為何一再不出面　屠豪麟：記不起來／立委接弊不慎易發生烏龍事件／鄭可榮認錯人　鄭太太依舊支持／司法問題　鄭太太：先生處理／鄭家：有人打氣亦有恐嚇電話

東森：以二十四分左右十一則新聞篇幅報導此事，新聞分為二段落，排序擺在頭條、第十七條起，採取中性標題處理

● 屠豪麟：沒做出踰越規矩的事／關鍵問題不回答外界仍存疑／李慶安、鄭可榮落淚　向涂鞠躬道歉／李慶安情緒低落　指調查受誤導／李盼勿以政治角度解讀忍不住落淚／李鄭親往衛生署道歉　吃了閉門羹／涂：給過鄭二次機會　不考慮撤銷告訴／如何處置屠豪麟　涂：依法行事／年齡相差十歲口音一閩南一外省／歲月痕跡刻臉上　涂、屠差異大／情境影響　專家：被害人常發生誤認／外在壓力　可能左右被害人記憶／政院：希望大家從事件

中記取教訓／政院：李提供錄音帶後才水落石出／
信涂醒哲但扁強調絕不護短／錄音帶露疑點府院放
下心中大石／扁：相較澳門事件　涂醒哲是小Case／
第一名立委重創　李慶安嘆氣落淚／如何繼續政治
生命？李慶安找出路／李慶安摔跤　選民電話花籃
湧入鼓勵／當事人屠豪麟現身發表三聲明／面對尖
銳問題　屠辯稱記不起來／屠：無踰矩行為　當晚
和鄭交談／鄭妻：很抱歉　不過仍支持先生／朋友
送花相挺　也有人電話騷擾／認錯人擺烏龍　民進
黨人為涂抱屈／劉：民代、媒體未審先判真相大白

　　中天：以十六分左右七則新聞篇幅分二段報導此事，新聞排
序分別擺在第四條及第十六條起，採取中性標題處理。主播與過
音稿也採事實陳述，但並未再追擊事件發生至此，對社會可能產
生的負面影響與反省。

- 性騷擾疑案　屠豪麟出面說明／屠坦承當天在場
但無越矩行為／屠盼事件儘早落幕　讓傷害減低／
屠豪麟涉性騷擾案　同事不可置信／涉性騷擾案
屠豪麟將遭降調／屠豪麟坦承八月六日親吻鄭可榮
／超級比一比　屠豪麟非涂醒哲／曾有二人說不是
涂　李慶安未置信／李慶安未採信丁說法　因人廢
言／揭弊出錯　民代問政方式引討論／透過媒體揭
弊　民代視為成名捷徑／媒體角色　屢被電影解構
／民代揭弊　難逃媒體放大鏡檢視／認錯人！李慶
安、鄭可榮鞠躬道歉／鄭李赴衛生署道歉　卻吃閉
門羹／涂醒哲心難平　不打算撤銷告訴

三立：以二十二分三十秒左右八則新聞篇幅報導此事，新聞分為二段落，排序擺在頭條與第十六條起，採取中性標題處理，主播與過音稿也採事實陳述。

● 屠豪麟：沒做任何踰矩不雅的事／人事局宣佈　屠降調非主管職／李慶安願向涂醒哲當面道歉／案情被誤導　李鄭眼眶泛紅說原委／政治動機　李慶安不認為被設局陷害／誰是男主角？兩去ㄨㄟ桑乍看神似／此屠非彼涂　性騷擾案大逆轉／舔耳者　其實是衛署主任屠豪麟／錄音帶曝光　調查轉向屠主任／證人：鄭可榮錯把屠當作涂／誤解丁瑞豐訊息　李慶安栽跟斗／錄音內容似是而非　丁技巧性閃避／屠豪麟發表三點聲明　向社會道歉／保鑣阻擋記者　屠座車匆匆離去／勇於認錯　同黨立委支持李慶安／未查證泛綠立委儗提案記委會

電視新聞賠上公信力

電視新聞在面對混雜訊息時，有一項重要職責，即應協助閱聽人認識與他們最有切身關係的事件和趨勢，電視新聞如果迷失在競逐一件又一件表面亮麗熱鬧的獨家新聞，刺激收視率，就越不能實踐其基本職責。

「舔耳風波」中，「台視新聞世界報導」在十月三日以背面剪影方式獨家專訪「徐醫師」。「徐醫師」自稱當過台大神經外科主任，表明是涂醒哲的學長，當晚涂確實在場，事態會演變至今，他認為是政治力介入使然。自稱參加了八月六日KTV聚會，和涂醒哲是鄰居的他，「從小看著涂醒哲長大」。記者問「徐醫師」聚會中有沒有涂醒哲？他連說兩個「有」。

在獨家專訪「徐醫師」前半小時，台視以走馬燈預告此一獨家，並在十月四日晚間新聞重複播出，當其他媒體遍尋「徐醫師」不著時，這則獨家事實上已經出了問題。

華視在十月五日晚間新聞證實，李慶安的高姿態相當程度是受了這則新聞報導的影響；媒體報導也指出，網路調查有超過七成的人相信涂醒哲案，就是在台視新聞這則報導後第二天形成。

就損及他人名譽的新聞揭露方式，這樣的查證實難謂周全。事實上，在李慶安爆料前，部分媒體已經認定涂醒哲犯案，是在場騷擾鄭可榮的人。丁瑞豐錄音帶的曝光與閃爍其詞，更讓媒體深信不移，因為鄭妻在與丁的電話錄音中七度提到涂醒哲，而忽略丁瑞豐說的是「屠主任」，而非「涂署長」。

電視新聞引導全民辦案的結果，不但嚴重傷害當事人隱私，也模糊事件焦點，媒體報導得越多，真相就越模糊，「舔耳風波」戲劇性逆轉的結果，不只造成當事人受到極嚴重的傷害，也造成社會極大的不安。除了李慶安應該捫心自問，她是否政黨之見太深？還是對涂個人的成見太深？以致陷入盲點而不自知；電視台主管也應自省，如此輕忽賠上新聞公信力是否值得？

政務官與民代不容犯錯，電視新聞又何嘗不是如此？電視新聞長期以來在報導的方式和態度上，過度依賴國會議員抓鬼揭弊，對控方又流於先入為主的相信，短期內，公信力找不回來，電視新聞工作者成了受質疑的對象，在專業上不再受人尊敬，危險的是已失去了觀眾信賴。

電視新聞成了煽動者

電視媒介是社會公器，負有為大眾傳播真實訊息的責任，但由衛生署代理署長涂醒哲被控性騷擾事件的電視新聞處理過程

中，可以清楚看出媒介成了煽動者，而非真實訊息的傳遞者。

電視新聞藉由「替小市民伸張正義」說詞，將事涉官員官箴的公益立場，大量報導非關公益且未經查證、來自單方面消息來源的性騷擾詳細情節，及兩造相關當事人身家背景、性格等，甚至「加料」暗指涂醒哲有其他性騷擾前科，種種取材面向，以及鉅細靡遺、凸顯羶色腥內容的報導方式，都顯示媒體早已踰越新聞倫理。

電視新聞的功能，就是盡可能由多層面觀察事件發展，目標之一是讓閱聽人看到自己耳目所能及更寬廣的問題面向。

電視新聞表現差勁，不獨顯示在新聞報導，也反映在各式各樣的新聞評論及叩應節目之中。聳動、膚淺而不專業，尤其對於指控揭發的消息來源幾乎喪失其基本查證能力，並且在其間扮演傳播謠言及製造口水的角色，不肯花功夫探究公共議題，嚴重與社會主流價值及脈動脫節，在在都受到閱聽人質疑。

各家電視新聞不只擔心獨漏，更是焦慮的爭搶獨家、刺激收視率、擴大觀眾群、而紛紛大幅報導，卻沒有真正的查證，得到真正的消息後再報導，議題滾雪球的結果，也就更難收拾。電視新聞原本應該讓觀眾更加務實地看待社會變遷，使觀眾在公私生活上都能更加明智地做出決定，但以「舔耳風波」為例，其結果卻適得其反，誇大不實的獨家新聞，不單使得觀眾難以採取明智決定，甚至根本無從做決定。

不可否認，消息來源是一種「來源媒介」，此一媒介是由記者、立委、高官與小市民所組成，其中包括了刺激收視率的幾大要素：懸疑性、衝突性、持續性、創造性、爆發性及主動性。

不少閱聽人都在指責，電視新聞對犯罪的原因，是否提供充分正確的報導、分析與評論，還是這就是一則「假事件」。在

常見假事件的手法，操縱媒體的報導，在媒體可能是無心之下就採用了，但是利用假事件者絕對不是無心的。在此事件中，立委和媒介的訊息互動是處於雙向不對等的模式，這也使得訊息的真實性很難掌握。立委同樣扮演著傳播者的角色，同樣具有社會良心，不應以局部、不實的訊息操控媒體。

有的電視台對於性騷擾案，說不清楚、講不明白，也毫無追蹤報導之意，卻盡信李慶安單向釋放說辭，至於各種虛虛實實的指控，若非電視新聞照單全收，哪有在此事件中插花的餘地，此外，在SNG直播放大效果下，導致社會付出相當成本。

媒介事實誤導閱聽人

事實真相未明之前，李慶安宣稱已經查證月餘，並要求鄭可榮錄音當證據，聲稱已掌握確切證據，媒體全面跟進大幅報導，部分媒體在取材、標題及評論中，也表現出在事實佐證不足、真相尚未水落石出之前即「未審先判」，採取暗示或甚至斷定當事人「有罪」的新聞立場。

當丁瑞豐否認認識涂醒哲，在場的陳姓夫婦也說明涂醒哲不在現場，這是回歸真相的重要關鍵，但都未獲李慶安採信，反而指稱這些人都是遭到打壓被要求封口，部分媒體也相信李片面說法，導致是非不明、公理模糊。

當真相逆轉，李慶安在記者會上強調遭到誤導。但閱聽人更為無辜，當閱聽人發覺自己遭到愚弄，媒體告知真相的使命早已蕩然無存。

媒體未能建立新的價值體制、思維模式，以及公眾監督機制，刺激收視、吸引閱聽人、擴大廣告營收，此舉不是協助民眾釐清真相，面對社會事件，未審先判誤導民眾，擾亂社會秩序，

成了共犯結構。

　　各新聞台一再重覆播出「涂醒哲說謊」、「游院長說謊」，輔以動畫效果、模擬畫面、錄音內容，媒體更是搶奪獨家新聞，爭訪自稱涂醒哲同事、同學的匿名變聲受訪者，大肆爆料無法證實的內容。

　　這個社會已經不再是靜態的社會，而是變動異常劇烈的社會，當面對真假難辨、各說各話的八卦新聞，往往一句耳語、一段謠傳、一個變聲，便足以構成一則則低成本的八卦新聞。既然是八卦，消息真假其次，重要的是能有源源不斷、辛辣夠味的後續新聞內幕。

　　到了後來，閱聽人往往會視這種詭異又不正常的情況為正常，也就是涵化理論發生了效應，閱聽人長期接受訊息後，腦中的想法漸漸被影響，使得他們的價值觀完全偏差，這也是何以千夫所指一致認定涂醒哲有罪的原因。

　　此外，撇開新聞八卦化，電視新聞對社會形塑往往具有加分、放大效果，涂醒哲性騷擾印象的創造，乃政治人物、媒介、記者都參與其中，提供具有吸引力的圖像互相競爭假事件來源，包括各式各樣政治角力、記者會等，也因為能夠滿足媒介的需求，才能夠換取曝光率，形成壓力，互動雙方不是誰被誰操控，而是一拍即合的關係。

　　當性騷擾事件越詭譎，電視新聞追逐就越激烈，媒介即易淪為傳聲筒，閱聽人更加難以辨別事件真實。事件訴求有所謂的正面和負面新聞，正面的是宣揚受害者的弱勢，負面的卻是批評對手，電視新聞在此過程中，無可否認已過度濫用了社會大眾所賦予的「第四權」。

　　電視新聞緊隨片面、有限的訊息起舞，指使公共領域的完整

性減少，媒體在檢討本身在此事件中的社會角色定位，應該接近閱聽人，開闢多元管道，讓不同的聲音受到重視，新聞報導方向亦不宜「假性平等」，應有深度的報導和批判性的觀點。

　　但是證諸過去電視新聞掀起的八卦風潮，「舔耳風波」究竟能否對惡質的電視文化產生啟示作用，毋寧是令人悲觀的。

日期：10月1日		頻道：中天
新聞排序	3　　　　（秒數：2′ 15"）	SOT
新聞標題	1. 首長爆雙性戀 KTV強吻舔耳 2. 店員不認識官員 強吻沒印象 3. 游揆：首長雙性戀事件無從查起	
新聞稿處理		
畫面處理	游揆Vs立委郭添財、空景、動畫模擬	
新聞排序	4　　　　（秒數：2′ 11"）	SO
新聞標題	1. 首長爆雙性戀 立委質疑「不衛生」	
新聞稿處理		
畫面處理	游揆Vs立委郭添財	

日期：10月2日		頻道：中天
新聞排序	1　　　　（秒數：3′ 12"）	SOT
新聞標題	1. 涂醒哲性騷擾？立委公佈陳情信 2. 李慶安爆料 當日聚屬特殊派對 3. 涂李兩人各說各話 重新還原事件 4. 涂認為背後有黑手	
新聞稿處理		
畫面處理	陳情信CG、李慶安記者會	
新聞排序	2　　　　（秒數：1′ 53"）	SOT

新聞標題	涂醒哲否認雙性戀及性騷擾指控
新聞稿處理	
畫面處理	涂醒哲記者會
新聞排序	3　　　（秒數：2′ 10″）　　　SOT
新聞標題	1. 性騷擾？ 李慶安行政院說法不一 2. 李慶安：游揆看過怎可算匿名 3. 政院：檢舉人沒有名字 無從查起
新聞稿處理	
畫面處理	李慶安記者會Vs莊碩漢
新聞排序	4　　　（秒數：1′ 27″）　　　SOT
新聞標題	1. 首長雙性戀八卦 連戰不談八卦 2. 國民黨：不理性醜聞 鴕鳥心態
新聞稿處理	
畫面處理	國民黨中常會現場

日期：10月3日	頻道：中天
新聞排序	3　　　（秒數：2′ 32″）　　　SOT
新聞標題	1. 余、鄭立院對質未遇 KTV內各表述 2. 首次對質未遇 媒體與涂醒哲追逐
新聞稿處理	
畫面處理	媒體追逐畫面、涂醒哲接受媒體訪問
新聞排序	4　　　（秒數：3′ 23″）　　　SOT
新聞標題	性騷擾當事人現身 各說各話
新聞稿處理	
畫面處理	KTV內 李慶安、鄭可榮、涂醒哲爭辯

新聞排序	5	（秒數：1′55″）	SOT
新聞標題	1. 涂醒哲去KTV還是醫院?目前無解 2. 丁先生：大家關心 暗指涂也在場		
新聞稿處理			
畫面處理	中興醫院秘書訪問、CG（丁瑞豐說明摘要）		
新聞排序	6	（秒數：55″）	NS
新聞標題	政務官涉性騷擾?法務部徹查		
新聞稿處理			
畫面處理	法務部次長謝文定記者會畫面		

日期：10月4日		頻道：中天	
新聞排序	5	（秒數：1′31″）	SO
新聞標題			
新聞稿處理			
畫面處理	鄭可榮與丁瑞豐對話錄音 CG呈現		
新聞排序	6	（秒數：2′05″）	SO
新聞標題			
新聞稿處理			
畫面處理	鄭可榮妻與丁瑞豐對話錄音 CG呈現		
新聞排序	7	（秒數：2′43″）	SOT
新聞標題	1. 性騷擾疑雲 涂醒哲再開記者會 2. 澄清疑雲 涂盼李慶安以立委擔保 3. 涂醒哲對共同被告求償五千萬		
新聞稿處理			
畫面處理	涂醒哲父母出面召開記者會		
新聞排序	8	（秒數：2′10″）	SOT

媒體與政治（下）

新聞標題	1. 此屠非彼涂　屠主任聲明無關 2. 屠主任：不會唱歌　不認識鄭可榮 3. 屠主任才是當天男主角？ 　　更認識丁瑞豐　但屠頻否認
新聞稿處理	
畫面處理	屠豪麟接受訪問澄清
新聞排序	9　　　　　（秒數：2′39″）　　　　SOT
新聞標題	1. 游揆：涂若去過KTV　立刻調整職務 2. 游揆提陰謀論　有人圖謀鬆動內閣團隊 3. 李慶安：「要找代罪羔羊，才會找屠主任」
新聞稿處理	
畫面處理	立法院總質詢，在野黨立委Vs游揆
新聞排序	19　　　　　（秒數：1′50″）　　　　SOT
新聞標題	涂醒哲律師：錄音帶內容有明顯瑕疵
新聞稿處理	
畫面處理	涂醒哲律師接受訪問
新聞排序	20　　　　　（秒數：1′35″）　　　　SOT
新聞標題	（樂透開獎，壓住標題）分析李慶安政治豪賭
新聞稿處理	
畫面處理	李慶安訪問、資料畫面分析

日期：10月4日		頻道：中天
新聞排序	21　　　　　（秒數：1′20″）　　　　SOT	
新聞標題	（樂透開獎，壓住標題） 網友看性騷擾疑雲　意見兩極	
新聞稿處理		
畫面處理		

日期：10月5日		頻道：中天	
新聞排序	4	（秒數：2′ 05″）	SOT
新聞標題	1. 性騷擾疑案　屠豪麟出面說明 2. 屠坦承當天在場　但無越矩行為 3. 屠盼事件盡早落幕　讓傷害減低		
新聞稿處理			
畫面處理	屠豪麟記者會、媒體競逐畫面		
新聞排序	5	（秒數：2′ 05″）	SOT
新聞標題	1. 屠豪麟涉性騷擾案　同事不可置信 2. 涉性騷擾案　屠：將遭降調		
新聞稿處理			
畫面處理	衛生署人事室職員訪問、衛生署主秘訪問		
新聞排序	6	（秒數：2′ 15″）	SOT
新聞標題	1. 屠豪麟坦承八月六日親吻鄭可榮 2. 超級比一比　屠豪麟非涂醒哲		
新聞稿處理			
畫面處理	資料畫面、屠豪麟10月4日受訪否認說詞		
新聞排序	7	（秒數：2′ 53″）	SOT
新聞標題	1. 曾有二人說不是涂　李慶安未置信 2. 李慶安未採信丁說法　因人廢言？		
新聞稿處理			
畫面處理	李慶安記者會、李慶安助理葉志強電訪		
新聞排序	8	（秒數：2′ 31″）	SOT
新聞標題	1. 揭弊出錯　民代問政方式引討論 2. 透過媒體揭弊　民代視為成名捷徑 3. 媒體角色　屢被電影解構 4. 民代揭弊　難逃媒體放大		

新聞標題	鏡檢視
畫面處理	資料畫面（新聞分析）
新聞排序	16　　　　（秒數：1′ 42"）　　　SOT
新聞標題	1. 認錯人！李慶安、鄭可榮鞠躬道歉 2. 鄭李赴衛生署道歉　卻吃閉門羹 3. 涂醒哲心難平　不打算撤銷告訴
新聞稿處理	
畫面處理	李慶安、鄭可榮記者會、衛生署前畫面
新聞排序	17　　　　（秒數：2′ 27"）　　　SOT
新聞標題	舔耳事件始末回顧
新聞稿處理	
畫面處理	資料畫面、CG切割時間點與疑點

日期：10月1日	頻道：三立
新聞排序	1　　　　（秒數：2′ 06"）　　　SOT
新聞標題	1. 某首長雙性戀? KTV強吻帥哥? 2. 學生不相信　首長多次遭人抹黑
新聞稿處理	
畫面處理	動畫還原當天現場、KTV空景、誼光協會秘書長訪問
新聞排序	2　　　　（秒數：1′ 28"）　　　SOT
新聞標題	1. 首長性騷擾?立委：此人不太「衛生」 2. 立委要求徹查　游揆要當事人出面
新聞稿處理	
畫面處理	游揆Vs立委郭添財

日期：10月2日		頻道：三立	
新聞排序	1	（秒數：2′18″）	SOT
新聞標題	1. 涂醒哲：我非雙性戀也非同性戀 2. 對方出面指控?願意出面對質 3. 8.6去了那裡 涂：絕對不在KTV 4. 如有具體證據 願辭職下台		
新聞稿處理			
畫面處理	涂醒哲記者會		
新聞排序	2	（秒數：2′22″）	SOT
新聞標題	1. 立委接檢舉信 指涂參加狂歡派對 2. 涂熱舞狂吻強舔 要求發生關係 3. 人證動搖 李慶安將邀監委調查		
新聞稿處理	主播稿將舔耳疑雲，指為特殊性癖好狂歡派對		
畫面處理	CG處理檢舉信、資料畫面		
新聞排序	3	（秒數：1′45″）	SOT
新聞標題	1. 涂醒哲強舔男子?還原現場 2. 涂醒哲特殊癖好?業者：不清楚		
新聞稿處理	主播稿篤定指出當天參加人員，大部份都是涂醒哲的朋友		
畫面處理	KTV空景、訪KTV業者		
新聞排序	4	（秒數：1′39″）	SOT
新聞標題	1. 涂醒哲行事再爆爭議 署內氣壓低 2. 涉性騷擾?公衛所同事直稱不可能		
新聞稿處理	過音稿引述衛生署員工說詞，指涂對女記者來回撫摸，令人傻眼		
畫面處理	衛生署員工變聲未露面受訪		
新聞排序	5	（秒數：1′49″）	SOT

媒體與政治（下）

新聞標題	1. 推動愛滋防治　涂醒哲多次槓同志 2. 仕途最大挑戰　看涂醒哲如何化解
新聞稿處理	
畫面處理	資料畫面、同志電訪

日期：10月3日	頻道：三立
新聞排序	1　　　　（秒數：2′45″）　　　SOT
新聞標題	1. 涂醒哲涉性騷擾?鄭涂當面對質 2. 定涂醒哲　鄭：各人造業各人擔 3. 涂強硬要求證據　當事人無法提出
新聞稿處理	
畫面處理	KTV內，鄭可榮、李慶安Vs涂醒哲
新聞排序	2　　　　（秒數：2′25″）　　　SOT
新聞標題	1. 涂醒哲不請自來　要求和鄭對質 2. 涂鄭重回KTV現場　對質現場混亂 3. 涂要對質　鄭不理會　毫無交集
新聞稿處理	
畫面處理	媒體追逐涂醒哲一片混亂、涂醒哲受訪Vs鄭可榮、李慶安
新聞排序	3　　　　（秒數：2′32″）　　　SOT
新聞標題	1. 鄭可榮出面詳述　遭舔耳朵過程 2. 鄭太太：相信老公沒說謊 3. 誰說謊?李慶安建議雙方接受測謊 4. 涂赴鄭記者會　反被媒體包圍
新聞稿處理	Nature Sound不時可聽見記者高聲提醒涂，鄭與李目前所在位置
畫面處理	鄭可榮、李慶安記者會、媒體追逐涂醒哲畫面

新聞排序	4　　　　　　（秒數：2′ 05″）　　　　SOT
新聞標題	1. 涂醒哲按鈴　控告李慶安、鄭可榮 2. 涂攜夫人　澄清無涉及性騷擾
新聞稿處理	
畫面處理	涂醒哲記者會
新聞排序	5　　　　　　（秒數：2′ 05″）　　　　SOT
新聞標題	1. 涂鄭各說各話　性騷擾案疑點重重 2. 涂：8月6日我在醫院　李：院方否認 3. 鄭：大家稱涂為涂桑　涂：沒這回事
新聞稿處理	
畫面處理	李慶安、鄭可榮記者會Vs涂醒哲記者會
新聞排序	6　　　　　　（秒數：1′ 35″）　　　　SOT
新聞標題	1. 涂醒哲舔耳朵?游揆震怒要求徹查 2. 性騷擾疑雲　北檢政風司介入調查
新聞稿處理	
畫面處理	莊碩漢記者會、法務部次長謝文定記者會

日期：10月4日	頻道：三立
新聞排序	1　　　　　　（秒數：2′ 24″）　　　　SOT
新聞標題	1. 鄭丁對話顯示　丁瑞豐認識涂醒哲 2. 鄭丁兩人對話　涂醒哲當天確在場 3. 李慶安出示錄音帶　痛批涂醒哲
新聞稿處理	
畫面處理	鄭可榮與鄭妻Vs丁瑞豐，CG方式處理
新聞排序	2　　　　　　（秒數：1′ 35″）　　　　SOT

媒體與政治（下）

新聞標題	1. 鄭太太：盼司法還先生公道正義 2. 鄭：做夢也沒想到事情演變至此 3. 涂父母出面　鄭可榮不以為然 4. 鄰居：鄭做事辛勤　很認真
新聞稿處理	
畫面處理	訪問鄭可榮太太、訪問鄭可榮
新聞排序	3　　　　　（秒數：1′41″）　　　　SOT
新聞標題	1. 母親以性命擔保　涂醒哲很規矩 2. 求償五千萬　涂：不認識徐醫師
新聞稿處理	
畫面處理	涂醒哲父母記者會
新聞排序	4　　　　　（秒數：2′00″）　　　　SOT
新聞標題	1. 疑似當天付賬男子　地檢署曝光 2. 檢察官赴立院　見李鄭 3. 檢方調閱涂通聯　確認發話地點 4. 警方找鄭態度差　警方否認
新聞稿處理	
畫面處理	訪問檢察官、李慶安記者會
新聞排序	5　　　　　（秒數：2′20″）　　　　SOT
新聞標題	1. 聲明對質提公訴　涂醒哲反守為攻 2. 主動積極　涂氏作風讓人印象深刻
新聞稿處理	
畫面處理	媒體追逐涂找鄭李畫面、涂與鄭李KTV對質
新聞排序	20　　　　　（秒數：0′42″）　　　　NS
新聞標題	涂案重要關係人　徐姓醫師到北檢
新聞稿處理	主播稿強調徐姓醫師證詞可能不利涂醒哲
畫面處理	北檢畫面

新聞排序	21 　　　　　（秒數：1′ 38″）　　　SOT
新聞標題	1. 涂醒哲性騷擾疑雲　灌爆網站 2. 網友：涂連累父母　拿大官壓百姓 3. 網友質疑鄭之性向　設計涂醒哲
新聞稿處理	
畫面處理	網頁畫面

日期：10月5日	頻道：三立
新聞排序	1 　　　　　（秒數：2′ 10″）　　　SOT
新聞標題	1. 屠豪麟：沒做任何踰矩不雅的事 2. 人事局宣佈　屠降調非主管職
新聞稿處理	
畫面處理	屠豪麟記者會
新聞排序	2 　　　　　（秒數：3′ 55″）　　　SOT
新聞標題	1. 李慶安願向涂醒哲當面道歉 2. 案情被誤導　李鄭眼眶泛紅說原委 3. 政治動機　李慶安不認為被設局陷害
新聞稿處理	
畫面處理	李慶安、鄭可榮記者會
新聞排序	3 　　　　　（秒數：2′ 14″）　　　SO
新聞標題	涂醒哲記者會聲明
新聞稿處理	
畫面處理	
新聞排序	4 　　　　　（秒數：2′ 08″）　　　SOT
新聞標題	1. 誰是男主角?兩ㄊ×桑乍看神似 2. 此屠非彼涂　性騷擾案大逆轉
新聞稿處理	

媒體與政治（下）

畫面處理	資料畫面、CG比較
新聞排序	5　　　　　（秒數：1′55″）　　　　SOT
新聞標題	1. 舔耳者　其實是衛署主任屠豪麟 2. 錄音帶曝光　調查轉向屠主任 3. 證人：鄭可榮錯把屠當涂
新聞稿處理	
畫面處理	屠豪麟10月4日受訪否認畫面
新聞排序	6　　　　　（秒數：2′21″）　　　　SOT
新聞標題	1. 誤解丁瑞豐訊息　李慶安栽跟斗 2. 錄音內容似是而非　丁技巧性閃避
新聞稿處理	
畫面處理	重聽鄭可榮Vs丁瑞豐對話錄音
新聞排序	16　　　　　（秒數：2′50″）　　　　SOT
新聞標題	1. 屠豪麟發表三點聲明　向社會道歉 2. 保鑣阻擋記者　屠座車匆匆離去
新聞稿處理	
畫面處理	屠豪麟記者會、記者追逐畫面

日期：10月5日	頻道：三立
新聞排序	17　　　　　（秒數：2′15″）　　　　SOT
新聞標題	1. 勇於認錯　同黨立委支持李慶安 2. 未查證　泛綠立委擬提案記委會
新聞稿處理	
畫面處理	朝野立委反應

日期：10月1日	頻道：TVBS

新聞排序	1　　　　　（秒數：1′ 45″）　　　　SOT
新聞標題	1. 首長自曝雙性戀　KTV強吻帥哥？ 2. 男首長騷擾帥哥?低調不願談
新聞稿處理	主播稿指此首長每次要升官都會傳出，而且屢試不爽
畫面處理	動畫處理當天事發經過
新聞排序	2　　　　　（游揆反應以10″乾稿帶過）
新聞標題	
新聞稿處理	
畫面處理	

日期：10月2日	頻道：TVBS
新聞排序	1　　　　　（秒數：2′ 53″）　　　　SOT
新聞標題	1.（獨家）研究助理：涂醒哲太忙　與妻子分房
新聞稿處理	主播稿獨家爆料指涂夫妻分房一年，強調整件事太離奇，是場風爆
畫面處理	受訪者拉背變聲
新聞排序	2　　　　　（秒數：1′ 07″）　　　　SOT
新聞標題	李慶安出示親筆信函　證實具名檢舉
新聞稿處理	
畫面處理	李慶安記者會、CG處理信函
新聞排序	3　　　　　（秒數：1′ 35″）　　　　SOT
新聞標題	標題同2（疑點、內幕分析）
新聞稿處理	主播稿提疑點：陰謀論?幕後黑手阻升官?被害人指被施壓封口？
畫面處理	資料畫面、CG處理層層疑點

媒體與政治（下）

日期：10月3日		頻道：TVBS
新聞排序	1　　　　（秒數：2′ 00"）　　　SOT	
新聞標題	1.涂醒哲性騷擾疑雲　兩造KTV對質	
新聞稿處理	主播先在背板以動態模擬圖說明	
畫面處理	涂醒哲、李慶安、鄭可榮KTV內對質	
新聞排序	2　　　　（秒數：2′ 44"）　　　SOT	
新聞標題	1.性騷擾男主角出面　從頭說清楚 2.涂醒哲：請司法單位盡快安排測謊	
新聞稿處理	主播稿指當天聚會，據說有六個男的二個女的	
畫面處理	三人KTV內對質，媒體擠成一團	
新聞排序	3　　　　（秒數：2′ 26"）　　　SOT	
新聞標題	1.楊富美再爆料　涂醒哲辦公室嘿咻 2.歐巴桑暫不出面　指控乏人證物證	
新聞稿處理	立委楊富美爆料，涂與女職員在辦公室嘿咻，此時迸出此事蠻巧合	
畫面處理	楊富美與高資敏電訪、動畫呈現	
新聞排序	4　　　　（秒數：1′ 28"）　　　SOT	
新聞標題	1.關鍵證人丁先生　避談涂是否到場 2.丁姓公關是皮條客嗎？	
新聞稿處理		
畫面處理	訪問育樂中心秘書室主任	
新聞排序	7　　　　（秒數：2′ 09"）　　　SNG連線	
新聞標題	1.性騷擾?鄭男稍早重回現場模擬 2.性騷擾?檢察官稍早重回現場	
新聞稿處理		
畫面處理		

新聞排序	8	（秒數：1′33″）	SO
新聞標題	涂、鄭KTV對質精華版		
新聞稿處理			
畫面處理			
新聞排序	17	（秒數：2′47″）	SOT
新聞標題	涂醒哲、鄭可榮KTV對質　場面混亂		
新聞稿處理			
畫面處理	涂、鄭KTV對質		

日期：10月3日		頻道：TVBS	
新聞排序	22	（秒數：1′51″）	SONS
新聞標題	關鍵丁先生　皮條客?認識涂醒哲?		
新聞稿處理			
畫面處理	鄭可榮記者會		

日期：10月4日		頻道：TVBS	
新聞排序	1	（秒數：1′16″）	SOT
新聞標題	重回錢櫃!　涂有來?　服務生：不記得		
新聞稿處理	主播稿抽絲剝繭，每個人在KTV中角色，701至揭密，涂被陷害		
畫面處理	KTV現場空景		
新聞排序	2	（秒數：2′21″）	SOT
新聞標題	1. 性騷擾疑案　檢至立院主動約談鄭可榮 2. 警察前往鄭家小店面查訪　立委不滿 3. 誰真誰假?證人說詞　測謊還真相		
新聞稿處理			

畫面處理	北檢檢察官、鄭可榮、李慶安訪問		
新聞排序	3	（秒數：2′ 20″）	SOT
新聞標題	1. 涂醒哲性騷擾疑雲　十名目擊者陸續曝光 2. 涂醒哲性騷擾疑雲　證人錄音帶曝光 3. 涂醒哲性騷擾疑雲　雙方說法無交集		
新聞稿處理	記者過音稿，台大醫院否有有徐群瑛醫師這個人		
畫面處理	公佈鄭、鄭妻、丁瑞豐對話錄音帶。李慶安公佈台視獨家專訪		
新聞排序	4	（秒數：2′ 25″）	SOT
新聞標題	1. 重回錢櫃！　涂有來？　服務生：不記得 2. 性騷擾全國矚目　701包廂大熱門 3. 性騷擾案大搜查　檢方約談陳姓證人		
新聞稿處理	主播稿強調，徐姓醫師這個證人當時根本不在現場		
畫面處理	訪問KTV業者、訪問北檢檢察官		
新聞排序	9	（秒數：1′ 23″）	SO
新聞標題	關鍵錄音帶曝光　鄭丁對話精華版		
新聞稿處理			
畫面處理			
新聞排序	10	（秒數：0′ 28″）	NS
新聞標題	相關證據　李慶安同時交檢調及監院		
新聞稿處理			
畫面處理	監察院畫面		
新聞排序	17	（秒數：1′ 49″）	SONS
新聞標題	總統府爆陰謀論?游揆：有人打壓		
新聞稿處理	主播稿強調涂與李皆是被設計，提出陰謀論		
畫面處理	李慶安記者會		

日期：10月4日		頻道：TVBS	
新聞排序	18	（秒數：1′ 01″）	SONS
新聞標題	總預算質詢　性騷擾案成熱門議題		
新聞稿處理			
畫面處理	立委Vs游揆		
新聞排序	19	（秒數：1′ 50″）	SOT獨家
新聞標題	1. 當天我在場　陳姓證人：涂醒哲沒到 2. 一切有陰謀　陳姓證人：涂遭人陷害		
新聞稿處理	主播稿指出涂醒哲當天根本不在包廂，涂李都被設計		
畫面處理	電訪陳姓友人		
新聞排序	26	（秒數：1′ 09″）	SOT
新聞標題	涂醒哲再開記者會　老父母當證人		
新聞稿處理	主播稿指整理全案，兩相對比疑點重重		
畫面處理	涂醒哲父母記者會、鄭可榮記者會、CG還原現場		

日期：10月5日		頻道：TVBS	
新聞排序	1	（秒數：2′ 42″）	SOT
新聞標題	1. 政治角力釀成　涂＝屠性騷擾案？ 2. 李慶安：丁瑞豐談話模糊誤導事實		
新聞稿處理			
畫面處理	李慶安記者會、重新播放鄭丁對話錄音		
新聞排序	2	（秒數：2′ 29″）	SOT
新聞標題	1. 鄭可榮李慶安　向涂致歉碰釘子 2. 五千萬民事金額　還可能向上提升 3. 涂醒哲：原諒鄭可榮　但不撤銷告訴		

新聞稿處理	主播稿指出涂醒哲要控告出現在媒體上的徐姓醫師
畫面處理	鄭可榮記者會、涂醒哲拿著報紙指責徐姓醫師
新聞排序	3　　　　（秒數：1′53″）　　　　SOT
新聞標題	烏龍認錯人　此屠非彼涂
新聞稿處理	主播稿引述官員說法，李慶安難脫操縱媒體之嫌犯下致命錯誤
畫面處理	莊碩漢記者會
新聞排序	4　　　　（秒數：1′55″）　　　　SOT
新聞標題	1. 李慶安致歉　黨團成員默默聲援 2. 涂案真假　黨內成員曾提醒小心查證
新聞稿處理	
畫面處理	訪問親民黨立委
新聞排序	5　　　　（秒數：1′15″）　　　　SOT
新聞標題	1. 造成長官困擾　屠豪麟向長官道歉 2. 屠豪麟三點聲明　強調絕無踰矩行為 3. 為何一再不出面　屠豪麟：記不起來
新聞稿處理	
畫面處理	屠豪麟記者會
新聞排序	6　　　　（秒數：1′32″）　　　　SNG連線
新聞標題	游揆宴請閣員　涂醒哲出席
新聞稿處理	
畫面處理	
新聞排序	20　　　　（秒數：2′25″）　　　　SOT
新聞標題	立委揭弊不慎　易發生烏龍事件
新聞稿處理	
畫面處理	資料畫面回顧

日期：10月5日		頻道：TVBS	
新聞排序	23	（秒數：1′ 56"）	SOT
新聞標題	1. 鄭可榮認錯人　鄭太太依舊支持 2. 司法問題　鄭太太：先生處理 3. 鄭家：有人打氣亦有恐嚇電話		
新聞稿處理			
畫面處理	訪問鄭太太、鄭可榮弟		

日期：10月1日		頻道：東森	
新聞排序	1	（秒數：1′ 46"）	SOT
新聞標題	1. 政壇驚爆男首長雙性戀　強吻帥哥 2. 幕僚人員：不可思議，不可能吧！		
新聞稿處理			
畫面處理	衛生署空景、受訪者變聲、動畫呈現現場、KTV空景		
新聞排序	2	（播錯帶，重播頭條畫面）	
新聞標題			
新聞稿處理			
畫面處理			

日期：10月2日		頻道：東森	
新聞排序	1	（秒數：1′ 17"）	SOT
新聞標題	1. 涂醒哲首度出面說明 2. 李慶安：游揆說謊		
新聞稿處理			
畫面處理	涂醒哲記者會、李慶安記者會		

新聞排序	2	（秒數：1′ 38"）	SOT
新聞標題	1. 涂醒哲出面：我不是雙性戀，沒去KTV 2. 涂醒哲首次出面　媒體激烈採訪戰 3. 涂重申：任何人提的出證據就辭職		
新聞稿處理			
畫面處理	涂醒哲受訪、媒體搶畫面		
新聞排序	3	（秒數：2′ 30"）	SOT
新聞標題	1. 涂醒哲性騷擾疑雲　李慶安指證歷歷 2. 像同性戀聚會？李慶安：當事人有此感覺 3. 涂要求發生關係　李慶安公佈陳情書		
新聞稿處理			
畫面處理	李慶安記者會、動畫還原現場、陳情書CG		
新聞排序	4	（秒數：1′ 00"）	SOT
新聞標題	1. 老同事吃驚：他人很好　不可能 2. 老同事：涂個性豪放，人來瘋致誤會 3. 涂太太：他當天在醫院陪母親，未去KTV		
新聞稿處理			
畫面處理	訪台大醫學院同事、辦公室空景		
新聞排序	5	（秒數：1′ 35"）	SOT
新聞標題	1. 龐：沒人騷擾我　羅：以後要小心 2. 涂評價好壞各半　做事積極Vs逢迎拍馬 3. 立委建議涂醒哲　應誠實面對		
新聞稿處理			
畫面處理	朝野立委反應		
新聞排序	6	（秒數：2′ 33"）	SOT
新聞標題	1. 陳情書昨天已交給他　李：游揆說謊 2. 游揆沒收到？李：劉世芳曾和我聯繫		

新聞稿處理	
畫面處理	李慶安Vs游揆、李慶安Vs莊碩漢

日期：10月3日	頻道：東森
新聞排序	1　　　　　　（秒數：1′40″）　　　　SO
新聞標題	1. 涂醒哲反守為攻與鄭可榮KTV對質 2. 性騷擾疑案　太太們的相挺
新聞稿處理	
畫面處理	涂Vs鄭
新聞排序	2　　　　　　（秒數：2′24″）　　　　SOT
新聞標題	1. 鄭：個人做事個人擔　涂：不可說謊 2. 當事雙方現場排排坐　氣氛尷尬 3. 涂一口咬定不認識鄭可榮　鄭顯激動
新聞稿處理	
畫面處理	涂Vs鄭
新聞排序	3　　　　　　（秒數：3′32″）　　　　SOT
新聞標題	1. 李慶安求測謊　涂追到記者會對質撲空 2. 鄭可榮首度現身說明遭舌吻過程 3. 鄭：不想扯入政治　只要私下道歉
新聞稿處理	
畫面處理	李慶安記者會Vs涂醒哲記者會
新聞排序	4　　　　　　（秒數：2′31″）　　SNG北檢連線
新聞標題	涂醒哲赴地檢署　告鄭李兩人誹謗
新聞稿處理	
畫面處理	
新聞排序	5　　　　　　（秒數：1′54″）　　　　SOT

新聞標題	1. 涂醒哲好友爆料　當天確有KTV聚會 2. 毛手毛腳？丁：純屬朋友肢體動作
新聞稿處理	
畫面處理	偷拍丁瑞豐畫面
新聞排序	6　　　　　（秒數：1′54"）　　　　SOT
新聞標題	涂鄭各說各話　局外人看得霧煞煞
新聞稿處理	
畫面處理	資料畫面、CG
新聞排序	12　　　　　（秒數：1′36"）　　　　SOT
新聞標題	1. 立委：涂與女職員炒飯　歐巴桑撞見 2. 清潔婦否認：涂代署長不可能做那事 3. 綠軍：若查無實據，指控者應辭立委
新聞稿處理	
畫面處理	親民黨立委楊富美、台聯立委

日期：10月3日		頻道：東森
新聞排序	13　　　　（秒數：2′10"）　　　SOT	
新聞標題	1. 疑遭騷擾男子鄭可榮　重回KTV說明 2. 鄭可榮：涂多次言詞、身體騷擾	
新聞稿處理		
畫面處理	鄭可榮記者會、動畫呈現	
新聞排序	14　　　　（秒數：1′41"）　　　SOT	
新聞標題	1. 代署長心急要對質　媒體包圍出不去 2. 媒體趕場追著跑　擠爆事發KTV現場 3. 事件越演越烈　媒體捕捉鏡頭出奇招	
新聞稿處理		
畫面處理	涂醒哲Vs鄭可榮	

日期：10月4日		頻道：東森
新聞排序	1　　　　（秒數：1′25″）　　　SO	
新聞標題	1.涂醒哲父母相挺　李慶安公佈錄音帶 2.那一夜誰在場？關係人改口	
新聞稿處理		
畫面處理	涂醒哲父母記者會、李慶安記者會	
新聞排序	2　　　　（秒數：3′39″）　　　SOT	
新聞標題	1.李接陳情後　建議鄭錄下和丁對話 2.李：丁瑞豐昨告知要發表否認聲明 3.李批游揆抹黑　若立刻調查不會爆發	
新聞稿處理		
畫面處理	鄭丁對話錄音帶、李慶安記者會	
新聞排序	3　　　　（秒數：2′04″）　　　SOT	
新聞標題	1.鄭可榮：小市民加油！講實話最重要 2.丁瑞豐不出面？鄭可榮：可諒解	
新聞稿處理		
畫面處理	訪問鄭可榮、李慶安記者會	
新聞排序	4　　　　（秒數：1′39″）　　　SNG連線	
新聞標題	KTV人證　檢方下午約談徐姓醫師	
新聞稿處理		
畫面處理		
新聞排序	5　　　　（秒數：1′36″）　　　SOT	
新聞標題	1.KTV狂歡　台大教授在場？院方否認 2.成大醫學院均否認　真實性存疑	
新聞稿處理		
畫面處理	台大及成大醫學院受訪否認	
新聞排序	6　　　　（秒數：1′53″）　　　SOT	

新聞標題	1. 自稱丁瑞豐 聲明不認識涂醒哲 2. 聲明稿無署名 難證明丁瑞豐所寫 3. 沒上班不接電話 丁瑞豐避不見面
新聞稿處理	
畫面處理	丁瑞豐聲明CG呈現、丁瑞豐偷拍畫面
新聞排序	7　　　　　（秒數：2′08″）　　　　SOT
新聞標題	1. 涂母以性命擔保 兒子絕無性騷擾 2. 涂醒哲：指證我勿用背影冷箭傷人 3. 涂：若證實不是我 李慶安應辭立委
新聞稿處理	
畫面處理	涂醒哲父母記者會、涂按鈴控告

日期：10月4日		頻道：東森
新聞排序	8　　　　　（秒數：1′48″）　　　　SOT	
新聞標題	1. 衛署「屠」主任遭點名 否認有癖好 2. 姓同音惹非議 屠大嘆無妄之災	
新聞稿處理		
畫面處理	訪問屠豪麟	
新聞排序	16　　　　　（秒數：1′40″）　　　　SOT	
新聞標題	1. 點心屋不見鄭可榮 妻子獨撐 2. 小吃店媒體曝光 客人慕名而來 3. 附近鄰居：鄭可榮夫婦感情好	
新聞稿處理		
畫面處理	訪問鄭妻、鄭弟	
新聞排序	17　　　　　（秒數：1′24″）　　　　SOT	
新聞標題	兩人都沒說謊？可能有人認錯人	
新聞稿處理		

畫面處理	資料畫面
新聞排序	18　　　　（秒數：1′18″）　　　　SOT
新聞標題	1. 誰在說謊　父母相挺Vs錄音佐證 2. 鄭提丁瑞豐訪問　但缺其他關係人
新聞稿處理	
畫面處理	資料畫面
新聞排序	26　　　　（秒數：0′23″）　　　　乾稿
新聞標題	丁瑞豐到案　騷擾案內情可望明朗
新聞稿處理	
畫面處理	
新聞排序	27　　　　（秒數：1′43″）　　　　SOT
新聞標題	1. 衛署「屠」主任遭點名　否認有癖好 2. 姓同音惹非議　屠大嘆無妄之災
新聞稿處理	
畫面處理	訪問屠豪麟

日期：10月5日		頻道：東森
新聞排序	1　　　　（秒數：1′38″）　　　　SO	
新聞標題	1. 屠豪麟：沒做出踰越規矩的事 2. 關鍵問題不回答　外界仍存疑	
新聞稿處理		
畫面處理	屠豪麟記者會	
新聞排序	2　　　　（秒數：3′25″）　　　　SOT	
新聞標題	1. 李慶安、鄭可榮落淚　向涂鞠躬道歉 2. 李慶安情緒低落　指調查受誤導 3. 李盼勿以政治角度解讀　忍不住落淚	
新聞稿處理		

畫面處理	李慶安、鄭可榮記者會		
新聞排序	3	（秒數：2'11"）	SOT
新聞標題	1. 李鄭親往衛生署道歉　吃了閉門羹 2. 涂：給過鄭二次機會　不考慮撤告訴 3. 如何處置屠豪麟　涂：依法行事		
新聞稿處理			
畫面處理	涂醒哲記者會		
新聞排序	4	（秒數：1'28"）	SOT
新聞標題	1. 年齡相差十歲　口音一閩南一外省 2. 歲月痕跡刻臉上　涂、屠差異大		
新聞稿處理			
畫面處理	資料畫面、CG對比		
新聞排序	5	（秒數：1'33"）	SOT
新聞標題	1. 情境影響　專家：被害人常發生誤認 2. 外在壓力　可能左右被害人記憶		
新聞稿處理			
畫面處理	訪問黃富源		
新聞排序	6	（秒數：2'49"）	SOT
新聞標題	1. 政院：希望大家事件中　記取教訓 2. 政院：李提供錄音帶後才水落石出 3. 雖相信涂醒哲　但扁強調絕不護短 4. 錄音帶露疑點　府院放下心中大石 5. 扁：相較澳門事年　涂醒哲是小Case		
畫面處理	莊碩漢記者會、資料畫面		
新聞排序	7	（秒數：2'02"）	SOT
新聞標題	1. 第一名立委重創　李慶安嘆氣落淚 2. 如何繼續政治生命？李慶安找出路 3. 李慶安摔跤　選民電話花籃湧入鼓勵		

新聞稿處理	
畫面處理	李慶安記者會、泛藍立委

日期：10月5日	頻道：東森
新聞排序	17　　　　　（秒數：2′29″）　　　SOT
新聞標題	1. 當事人屠豪麟現身　發表三聲明 2. 面對尖銳問題　屠辯稱記不起來 3. 屠：無踰矩行為　當晚和鄭交談
新聞稿處理	
畫面處理	屠豪麟記者會
新聞排序	18　　　　　（秒數：1′49″）　　　SOT
新聞標題	1. 鄭妻：很抱歉　不過仍支持先生 2. 朋友送花相挺　也有人電話騷擾
新聞稿處理	
畫面處理	訪問鄭妻
新聞排序	19　　　　　（秒數：1′53″）　　　SOT
新聞標題	1. 認錯人擺烏龍　民進黨人為涂抱屈 2. 劉：民代、媒體未審先判真相未大白
新聞稿處理	
畫面處理	訪問民進黨工、訪問劉世芳
新聞排序	20　　　　　（秒數：2′48″）　　　SOT
新聞標題	回顧10月1日到10月5日事件發生經過
新聞標題	
新聞稿處理	
畫面處理	

日期：10月1日		頻道：台視
新聞排序	1　　　　（秒數：1′10″）	SOT
新聞標題	男閣員被爆雙性戀　立委質詢要求徹查處理	
新聞稿處理		
畫面處理	游揆Vs立委	

日期：10月2日		頻道：台視
新聞排序	1　　　　（秒數：1′50″）	SOT
新聞標題	1. 涂醒哲：若提出證據　立刻辭職 2. 涂醒哲：願與檢舉人對質	
新聞稿處理		
畫面處理	涂醒哲記者會	
新聞排序	2　　　　（秒數：2′05″）	SOT
新聞標題	1. 李慶安公開具名檢舉信 2. 李慶安：不排除讓檢舉人出面	
新聞稿處理		
畫面處理	李慶安Vs游揆	
新聞排序	3　　　　（秒數：1′54″）	SOT
新聞標題	指證KTV現場　燈光昏暗	
新聞稿處理		
畫面處理	KTV現場空景、CG呈現	

日期：10月3日		頻道：台視
新聞排序	1　　　　（秒數：3′38″）	SOT
新聞標題	1. 對質　鄭可榮：確遭騷擾強吻 2. 對質　涂醒哲：根本沒去KTV 3. 對質無交集　兩造同意測謊	

新聞稿處理	
畫面處理	鄭可榮Vs涂醒哲
新聞排序	2　　　　（秒數：2′ 46″）　　　SOT
新聞標題	1. 鄭可榮出面　指控涂醒哲性騷擾 2. 鄭：我要的只是一句道歉
新聞稿處理	
畫面處理	鄭可榮、李慶安記者會
新聞排序	3　　　　（秒數：2′ 43″）　　　SOT
新聞標題	1. 檢舉人露臉　涂醒哲對質控告 2. 涂醒哲：沒見過鄭可榮這個人 3. 對質又控告　涂醒哲強力反擊
新聞稿處理	
畫面處理	鄭可榮Vs涂醒哲
新聞排序	4　　　　（秒數：2′ 18″）　　　SOT
新聞標題	1. 兩個男人對質　太太夫人無奈 2. 涂妻鄭玉娟：可接受嚴格考驗 3. 鄭妻：百分百相信鄭可榮
新聞稿處理	
畫面處理	涂太太Vs鄭太太
新聞排序	5　　　　（秒數：1′ 59″）　　　SOT
新聞標題	兩造無交集　相關證據待釐清
新聞稿處理	
畫面處理	資料畫面、中興醫院院長室秘書訪問、涂醒哲弟訪問
新聞排序	6　　　　（秒數：1′ 32″）　　　SOT
新聞標題	性騷擾疑案　游揆指示徹查
新聞稿處理	

畫面處理	訪問莊碩漢、法務部記者會
新聞排序	7　　　　（秒數：2′35″）　　　　SOT
新聞標題	兩造大動作　台北媒體追追追
新聞稿處理	
畫面處理	各台爭取採訪位置，場面混亂

日期：10月4日		頻道：台視
新聞排序	1　　　（秒數：2′41″）　　　SOT	
新聞標題	1. 涂醒哲父母出面　生命擔保清白 2. 涂父：八月六日確與涂在一起 3. 涂醒哲向李慶安求償五千萬	
新聞稿處理		
畫面處理	涂醒哲父母記者會	
新聞排序	2　　　（秒數：2′55″）　　　SOT	
新聞標題	1. 李慶安公佈「鄭、丁」錄音帶 2. 鄭可榮：錄音為呈現事實真相	
新聞稿處理		
畫面處理	李慶安記者會、CG呈現錄音帶內容	
新聞排序	3　　　（秒數：2′08″）　　　SOT	
新聞標題	檢方已掌握七名當天在場人士	
新聞稿處理		
畫面處理	訪問北檢檢察官、獨家專訪目擊證人徐姓醫師	
新聞排序	4　　　（秒數：1′39″）　　　SOT	
新聞標題	1. 未署名傳真　丁瑞豐：不認識涂 2. 傳真內容　與錄音帶南轅北轍	
新聞稿處理		
畫面處理	CG呈現傳真內容、青少年育樂中心主秘記者會	

新聞排序	5 （秒數：1′ 55″） SOT
新聞標題	衛生署有位屠主任　認識丁瑞豐
新聞稿處理	
畫面處理	訪問屠豪麟
新聞排序	6 （秒數：2′ 02″） SOT
新聞標題	1. 游揆：證實去KTV　涂就調職 2. 游揆：感受刻意打壓內閣形象
新聞稿處理	
畫面處理	在野立委Vs游揆
新聞排序	7 （秒數：1′ 45″） SOT
新聞標題	疑雲滿天　鄭家餐廳成焦點
新聞稿處理	
畫面處理	訪問鄭妻

日期：10月5日	頻道：台視
新聞排序	1 （秒數：2′ 15″） SOT
新聞標題	1. 屠豪麟出面　向長官社會道歉 2. 屠坦承去KTV　沒有不雅動作 3. 行政院處分　屠降調非主管職
新聞稿處理	
畫面處理	屠豪麟記者會
新聞排序	2 （秒數：3′ 45″） SOT
新聞標題	1. 認錯人！鄭、李落淚　鞠躬道歉 2. 李慶安坦承：查證確有疏失 3. 鄭：對質當天發現涂桑變年輕
新聞稿處理	
畫面處理	李慶安、鄭可榮記者會

新聞排序	3	（秒數：3′15″）	SOT
新聞標題	涂醒哲很欣慰　交由司法調查		
新聞稿處理			
畫面處理	李慶安赴衛生署吃閉門羹、涂醒哲記者會		
新聞排序	4	（秒數：2′18″）	SOT
新聞標題	李慶安致歉　涂醒哲未會見		
新聞稿處理			
畫面處理	李慶安吃閉門羹、鄭可榮受訪、涂醒哲律師記者會		
新聞排序	5	（秒數：1′37″）	SOT
新聞標題	比對兩人長相　確有神似之處		
新聞稿處理			
畫面處理	資料畫面、CG對比		
新聞排序	6	（秒數：2′13″）	SOT
新聞標題	1. 游揆電話慰問涂醒哲 2. 朝野立委：李躁進　查證不全		
新聞稿處理			
畫面處理	莊碩漢記者會、朝野立委反應		
新聞排序	7	（秒數：1′37″）	SOT
新聞標題	認錯道歉　李慶安面臨信用危機		
新聞稿處理			
畫面處理	李慶安記者會		

日期：10月5日		頻道：台視	
新聞排序	8	（秒數：1′32″）	SOT
新聞標題	面對民眾指責　鄭家人道歉接受		

新聞稿處理	
畫面處理	民眾反應、鄭家點心店、鄭妻受訪
新聞排序	9　　　　（秒數：2′00″）　　　SOT
新聞標題	檢方40小時偵辦　水落石出
新聞稿處理	
畫面處理	
新聞排序	10　　　　（秒數：0′35″）　　　NS
新聞標題	游揆晚間宴請閣員　涂醒哲出席
新聞稿處理	
畫面處理	
新聞排序	11　　　　（秒數：0′25″）　　　NS
新聞標題	台視新聞部道歉聲明
新聞稿處理	
畫面處理	

日期：10月1日	頻道：中視
新聞排序	1　　　　（秒數：1′10″）　　　SOT
新聞標題	首長被爆雙性戀　KTV騷擾男性
新聞稿處理	
畫面處理	游揆Vs立委

日期：10月2日	頻道：中視
新聞排序	1　　　　（秒數：1′40″）　　　SOT
新聞標題	鄭姓男子指控　涂醒哲性騷擾
新聞稿處理	
畫面處理	李慶安Vs涂醒哲

新聞排序	2　　　　　（秒數：1′ 07″）　　　SOT		
新聞標題	性騷擾案陳情書　李慶安已交游揆		
新聞稿處理			
畫面處理	李慶安Vs莊碩漢		

日期：10月3日		頻道：中視	
新聞排序	2　　　　　（秒數：2′ 13″）　　　SOT		
新聞標題	性騷擾疑案　涂醒哲告李慶安		
新聞稿處理			
畫面處理	KTV內涂醒哲Vs鄭可榮、李慶安		
新聞排序	3　　　　　（秒數：1′ 39″）　　　SOT		
新聞標題	涂鄭各開記者會　請出太座表清白		
新聞稿處理			
畫面處理	涂鄭赴KTV		
新聞排序	4　　　　　（秒數：1′ 48″）　　　SOT		
新聞標題	首長性騷擾疑雲　法務部出面調查		
新聞稿處理			
畫面處理	涂醒哲Vs李慶安		

日期：10月4日		頻道：中視	
新聞排序	1　　　　　（秒數：2′ 04″）　　　SOT		
新聞標題	1. 丁瑞豐聲明　不認識涂醒哲 2. 鄭丁一週前通話　表明認識涂醒哲		
新聞稿處理			
畫面處理	鄭丁對話錄音帶公佈、CG、李慶安記者會		
新聞排序	2　　　　　（秒數：1′ 32″）　　　SOT		

新聞標題	1. 涂家兩老出面 保證兒子清白 2. 涂醒哲聲明 求償五千萬元
新聞稿處理	
畫面處理	涂醒哲父母記者會
新聞排序	3　　　（秒數：1′20″）　　　SOT
新聞標題	1. 父母出面背書 鄭可榮：沒必要 2. 鄭可榮被傳喚 覺得很恐怖
新聞稿處理	
畫面處理	鄭可榮與鄭妻受訪
新聞排序	4　　　（秒數：1′14″）　　　SOT
新聞標題	1. 檢方勘查KTV 連夜約談付賬人 2. 李慶安訪監院 請求監院調查
新聞稿處理	
畫面處理	訪問北檢檢察官
新聞排序	5　　　（秒數：1′25″）　　　SOT
新聞標題	立院總質詢 游揆：涂案有陰謀
新聞稿處理	
畫面處理	朝野立委Vs游揆
新聞排序	6　　　（秒數：1′50″）　　　SOT
新聞標題	性騷擾疑案 真相難查明
新聞稿處理	
畫面處理	CG分析＋錄音帶

日期：10月5日	頻道：中視
新聞排序	1　　　（秒數：1′52″）　　　SOT
新聞標題	1. 政院緊急下令 屠豪麟被調職 2. KTV騷擾疑案 屠豪麟否認騷擾

新聞稿處理	
畫面處理	屠豪麟記者會
新聞排序	2　　　　（秒數：1′ 58″）　　　SOT
新聞標題	李慶安與鄭可榮　認錯人公開道歉
新聞稿處理	
畫面處理	李慶安與鄭可榮記者會
新聞排序	3　　　　（秒數：1′ 26″）　　　SOT
新聞標題	證明自己清白　涂醒哲心情好
新聞稿處理	
畫面處理	涂醒哲記者會
新聞排序	4　　　　（秒數：2′ 20″）　　　SOT
新聞標題	李慶安登門道歉　涂醒哲拒絕接受
新聞稿處理	
畫面處理	李慶安與鄭可榮受訪、涂醒哲記者會
新聞排序	5　　　　（秒數：1′ 15″）　　　SOT
新聞標題	鄭可榮包子店　風波後生意好
新聞稿處理	
畫面處理	鄭妻與民眾受訪
新聞排序	6　　　　（秒數：1′ 45″）　　　SOT
新聞標題	涂醒哲下高雄　視察登革熱防疫
新聞稿處理	
畫面處理	涂醒哲受訪
新聞排序	7　　　　（秒數：1′ 37″）　　　SOT
新聞標題	性騷擾烏龍案　李慶安受重挫
新聞稿處理	
畫面處理	朝野立委反應

日期：10月5日		頻道：中視
新聞排序	8　　　　　（秒數：1′ 21″）	SOT
新聞標題	涂醒哲求償　法界分析	
新聞稿處理		
畫面處理	涂醒哲律師記者會	

日期：10月1日		頻道：華視
新聞排序	1　　　　　（秒數：1′ 27″）	SOT
新聞標題	首長雙性戀？　WHO？	
新聞稿處理		
畫面處理	游揆Vs立委	

日期：10月2日		頻道：華視
新聞排序	1　　　　　（秒數：1′ 15″）	SOT
新聞標題	若有性騷擾　願意辭職	
新聞稿處理		
畫面處理	涂醒哲記者會	
新聞排序	2　　　　　（秒數：1′ 38″）	SOT
新聞標題	被騷擾者　指證歷歷	
新聞稿處理		
畫面處理	李慶安記者會、CG陳情書	
新聞排序	3　　　　　（秒數：2′ 25″）	SOT
新聞標題	1. 重回KTV追真相 2. 友人幫腔　為涂澄清	
新聞稿處理		
畫面處理	KTV空景、業者訪問、公衛所研究員訪問	

 **媒體與政治（下）**

日期：10月3日		頻道：華視
新聞排序	1　　　　　（秒數：3′39″）	SOT
新聞標題	鄭涂現場對質　各說各話	
新聞稿處理		
畫面處理	鄭涂KTV對質	
新聞排序	2　　　　　（秒數：1′37″）	SOT
新聞標題	檢舉人出面　還原現場	
新聞稿處理		
畫面處理	鄭可榮與鄭妻記者會、李慶安記者會	
新聞排序	3　　　　　（秒數：1′53″）	SOT
新聞標題	關鍵人出面說明	
新聞稿處理		
畫面處理	丁瑞豐、中興醫院護士、法務部記者會	
新聞排序	4　　　　　（秒數：0′22″）	NS
新聞標題	涂醒哲按鈴控告鄭可榮、李慶安	
新聞稿處理		
畫面處理		
新聞排序	5　　　　　（秒數：1′15″）	SOT
新聞標題	1. 涂妻挺老公相信清白 2. 涂妻批社會黑白不分	
新聞稿處理		
畫面處理	涂妻記者會	
新聞排序	6　　　　　（秒數：1′25″）	SOT
新聞標題	署長性騷擾　爆案外案	
新聞稿處理		
畫面處理	立委楊富美記者會、清潔人員受訪	

新聞排序	
新聞標題	
新聞稿處理	
畫面處理	

日期：10月4日		頻道：華視
新聞排序	1 　　　　（秒數：2′08″）　　　SOT	
新聞標題	電話錄音 丁涂鄭在場？	
新聞稿處理		
畫面處理	錄音帶公佈CG呈現、李慶安記者會	
新聞排序	2 　　　　（秒數：1′47″）　　　SOT	
新聞標題	涂、屠莫非認錯人	
新聞稿處理		
畫面處理	屠豪麟受訪（表示認識丁瑞豐，否認去過KTV）	
新聞排序	3 　　　　（秒數：1′30″）　　　SOT	
新聞標題	丁：不認識涂醒哲	
新聞稿處理		
畫面處理	丁聲明CG、青少年育樂中心秘書室主任訪問	
新聞排序	4 　　　　（秒數：1′41″）　　　SOT	
新聞標題	全台大找嘸「徐醫師」	
新聞稿處理		
畫面處理	引述台視獨家畫面、台大及成大醫學院人員受訪	
新聞排序	5 　　　　（秒數：2′10″）　　　SOT	
新聞標題	檢調約談 積極追查	
新聞稿處理		
畫面處理	鄭可榮受訪、檢察官受訪	

新聞排序	6　　　　　　（秒數：1′52″）　　　SOT
新聞標題	KTV服務生不識涂
新聞稿處理	
畫面處理	訪問服務生
新聞排序	7　　　　　　（秒數：1′32″）　　　SOT
新聞標題	涂探母病　醫院不知
新聞稿處理	
畫面處理	中興醫院受訪說明

日期：10月4日	頻道：華視
新聞排序	8　　　　　　（秒數：1′34″）　　　SOT
新聞標題	不會黑白來　父母掛保證
新聞稿處理	
畫面處理	涂醒哲父母記者會
新聞排序	9　　　　　　（秒數：1′20″）　　　SOT
新聞標題	鄭妻：百分百挺老公
新聞稿處理	
畫面處理	鄭岳母、鄭妻受訪
新聞排序	10　　　　　　（秒數：2′19″）　　　SOT
新聞標題	1. 游揆：涂說謊下台 2. 舔耳疑雲認錯人嗎
新聞稿處理	
畫面處理	在野立委Vs游揆

日期：10月5日	頻道：華視
新聞排序	1　　　　　　（秒數：2′21″）　　　SOT

新聞標題	屠桑否認聚會不規矩
新聞稿處理	
畫面處理	屠豪麟記者會
新聞排序	2 　　　（秒數：3′ 11″）　　 SOT
新聞標題	李鄭認錯　公開道歉
新聞稿處理	主播稿確定鄭可榮認錯人
畫面處理	鄭李記者會
新聞排序	3 　　　（秒數：2′ 02″）　　 SOT
新聞標題	1.李鄭道歉　涂醒哲拒見 2.涂求償五千萬不撤銷
新聞稿處理	
畫面處理	鄭可榮受訪、涂醒哲記者會
新聞排序	4 　　　（秒數：1′ 55″）　　 SOT
新聞標題	檢調約談關鍵證人
新聞稿處理	
畫面處理	李慶安受訪、CG解疑
新聞排序	5 　　　（秒數：1′ 50″）　　 SOT
新聞標題	徐醫師說法誤導視聽
新聞稿處理	主播稿點名台視新聞誤導方向，令李慶安也誤判情勢
畫面處理	重播台視新聞獨家專訪畫面、CG呈現疑點
新聞排序	6 　　　（秒數：1′ 58″）　　 SOT
新聞標題	鄭妻：屠桑應受懲罰
新聞稿處理	
畫面處理	鄭妻訪問
新聞排序	7 　　　（秒數：1′ 32″）　　 SOT
新聞標題	鄭李誹謗賠償難免

媒體與政治（下）

新聞稿處理	
畫面處理	北檢檢察官訪問、律師訪問

日期：10月5日		頻道：華視
新聞排序	8　　　　（秒數：3′ 52″）	SOT
新聞標題	案情大逆轉早見端倪	
新聞稿處理	主播稿強調涂與屠搞錯人了	
畫面處理	資料畫面、重播錄音解讀	
新聞排序	9　　　　（秒數：1′ 11″）	SOT
新聞標題	呂斥誣告為己抱屈	
新聞稿處理		
畫面處理	呂副總統訪問	

日期：10月1日		頻道：民視
新聞排序	3　　　　（秒數：1′ 11″）	SO+NS
新聞標題	雙性戀首長強吻男性？游：無從查起	
新聞稿處理		
畫面處理	游揆Vs立委	

日期：10月2日		頻道：民視
新聞排序	1　　　　（秒數：1′ 58″）	SOT
新聞標題	否認雙性戀　涂醒哲願對質	
新聞稿處理		
畫面處理	李慶安Vs涂醒哲	
新聞排序	2　　　　（秒數：1′ 50″）	SOT
新聞標題	雙性戀？枕邊人：不可能	

新聞稿處理	
畫面處理	獨家專訪涂醒哲太太、涂好友否認指控

日期：10月3日	頻道：民視
新聞排序	1　　　（秒數：2′ 38″）　　SOT
新聞標題	涂鄭對質各執一詞
新聞稿處理	
畫面處理	KTV涂鄭對質、CG呈現疑點
新聞排序	2　　　（秒數：0′ 38″）　　NS
新聞標題	1. 行政院指示法務部　立即展開調查 2. 北檢正式分案　最快明日展開約談 3. 涂醒哲按鈴控告　鄭可榮李慶安
新聞稿處理	
畫面處理	
新聞排序	3　　　（秒數：1′ 42″）　　SOT
新聞標題	涂鄭風波　媒體大打追逐戰
新聞稿處理	
畫面處理	媒體追逐涂醒哲畫面

日期：10月4日	頻道：民視
新聞排序	1　　　（秒數：2′ 38″）　　SOT
新聞標題	鄭丁對話錄音帶公佈
新聞稿處理	
畫面處理	CG呈現錄音內容、李慶安鄭可榮記者會、檢方受訪
新聞排序	2　　　（秒數：2′ 10″）　　SOT

新聞標題	涂醒哲偕同父母澄清行蹤
新聞稿處理	
畫面處理	涂醒哲父母記者會
新聞排序	3　　　（秒數：1′　34″）　　　SOT
新聞標題	警調單位約談鄭可榮
新聞稿處理	
畫面處理	鄭岳母、鄭妻、鄭弟受訪
新聞排序	4　　　（秒數：0′　23″）　　　NS
新聞標題	性騷擾蒐證　檢調動作大
新聞稿處理	
畫面處理	資料畫面
新聞排序	5　　　（秒數：2′　03″）　　　SOT
新聞標題	性騷擾！波及衛生署屠主任
新聞稿處理	主播稿質疑到底是口誤？或是有案外案
畫面處理	屠豪麟受訪否認

日期：10月5日		頻道：民視
新聞排序	1　　（秒數：2′　20″）	SOT
新聞標題	性騷擾烏龍案　李鄭兩人登門道歉　涂醒哲拒見	
新聞稿處理		
畫面處理	鄭李記者會道歉落淚	
新聞排序	2　　（秒數：1′　40″）	SOT
新聞標題	真相大白　涂醒哲：不會撤銷告訴	
新聞稿處理		
畫面處理	涂醒哲記者會	
新聞排序	3　　（秒數：1′　30″）	SOT

新聞標題	1. 造成長官困擾　屠豪麟鞠躬道歉 2. 屠豪麟：沒有強吻鄭可榮
新聞稿處理	
畫面處理	屠豪麟記者會
新聞排序	4　　　　　（秒數：1′ 20″）　　　SOT
新聞標題	1. 李慶安偕鄭可榮　向檢方說明案情 2. 真相大白！但民事刑事責任難免
新聞稿處理	
畫面處理	李慶安受訪、CG分析刑責
新聞排序	5　　　　　（秒數：2′ 14″）　　　SOT
新聞標題	1. 真相水落石出　涂家二老感欣慰 2. 飽受流言困擾　涂母：很氣李慶安
新聞稿處理	
畫面處理	涂醒哲父母受訪

國家圖書館出版品預行編目

媒體與政治 / 何國華著. -- 一版.
臺北市：秀威資訊科技, 2005 [民 94]
面 ； 公分. -- 參考書目：面
ISBN 978-986-7263-91-9（下冊；平裝）
1. 媒體政治學

541.83016   94022010

社會科學類　PF0011

媒體與政治(下)

作　　者 / 何國華
發 行 人 / 宋政坤
執行編輯 / 李坤城
圖文排版 / 莊芯媚
封面設計 / 羅季芬
數位轉譯 / 徐真玉　沈裕閔
圖書銷售 / 林怡君
網路服務 / 徐國晉
出版印製 / 秀威資訊科技股份有限公司
　　　　　台北市內湖區瑞光路 583 巷 25 號 1 樓
　　　　　電話：02-2657-9211　　　傳真：02-2657-9106
　　　　　E-mail：service@showwe.com.tw
經 銷 商 / 紅螞蟻圖書有限公司
　　　　　台北市內湖區舊宗路二段 121 巷 28、32 號 4 樓
　　　　　電話：02-2795-3656　　　傳真：02-2795-4100
　　　　　http://www.e-redant.com

2006 年 7 月 BOD 再刷
定價：150 元

讀 者 回 函 卡

感謝您購買本書，為提升服務品質，煩請填寫以下問卷，收到您的寶貴意見後，我們會仔細收藏記錄並回贈紀念品，謝謝！

1. 您購買的書名：＿＿＿＿＿＿＿＿＿＿＿＿＿＿＿＿＿

2. 您從何得知本書的消息？

　　□網路書店　□部落格　□資料庫搜尋　□書訊　□電子報　□書店

　　□平面媒體　□ 朋友推薦　□網站推薦　□其他＿＿＿＿＿

3. 您對本書的評價：(請填代號　1.非常滿意 2.滿意 3.尚可 4.再改進)

　　封面設計＿＿　版面編排＿＿　內容＿＿　文/譯筆＿＿　價格＿＿

4. 讀完書後您覺得：

　　□很有收獲　□有收獲　□收獲不多　□沒收獲

5. 您會推薦本書給朋友嗎？

　　□會　□不會，為什麼？＿＿＿＿＿＿＿＿＿＿＿＿＿＿＿＿

6. 其他寶貴的意見：＿＿＿＿＿＿＿＿＿＿＿＿＿＿＿＿＿

＿＿＿＿＿＿＿＿＿＿＿＿＿＿＿＿＿＿＿＿＿＿＿＿＿＿

＿＿＿＿＿＿＿＿＿＿＿＿＿＿＿＿＿＿＿＿＿＿＿＿＿＿

＿＿＿＿＿＿＿＿＿＿＿＿＿＿＿＿＿＿＿＿＿＿＿＿＿＿

讀者基本資料

姓名：＿＿＿＿＿＿＿＿　年齡：＿＿＿　性別：□女　□男

聯絡電話：＿＿＿＿＿＿　E-mail：＿＿＿＿＿＿＿＿

地址：＿＿＿＿＿＿＿＿＿＿＿＿＿＿＿＿＿＿＿＿＿＿

學歷：□高中(含)以下　□高中　□專科學校　□大學

　　　□研究所(含)以上 □其他＿＿＿＿＿＿

職業：□製造業 □金融業 □資訊業 □軍警 □傳播業 □自由業

　　　□服務業 □公務員 □教職　□學生 □其他＿＿＿＿＿

To：114

台北市內湖區瑞光路 583 巷 25 號 1 樓

秀威資訊科技股份有限公司　　　收

寄件人姓名：

寄件人地址：□□□

(請沿線對摺寄回,謝謝!)

秀威與 BOD

BOD（Books On Demand）是數位出版的大趨勢，秀威資訊率先運用 POD 數位印刷設備來生產書籍，並提供作者全程數位出版服務，致使書籍產銷零庫存，知識傳承不絕版，目前已開闢以下書系：

一、BOD 學術著作—專業論述的閱讀延伸
二、BOD 個人著作—分享生命的心路歷程
三、BOD 旅遊著作—個人深度旅遊文學創作
四、BOD 大陸學者—大陸專業學者學術出版
五、POD 獨家經銷—數位產製的代發行書籍

BOD 秀威網路書店：www.showwe.com.tw
政府出版品網路書店：www.govbooks.com.tw

永不絕版的故事・自己寫・永不休止的音符・自己唱